ザ・築地

ルポ

魚食文化の
大ピンチを救え!

時事通信社水産部
川本大吾

時事通信社

はじめに

バブル景気が終わりを告げようとしていた1991年4月、私は時事通信社に入社した。編集局の水産部に配属され、数週間、本社で見習いのようなデスクワークをこなした後、いよいよ首都圏の台所、東京・築地市場（中央区）で水産記者としてデビューすることになった。

超早朝勤務、今まで経験のない「魚市場」という異空間に、大きな不安を抱いていたことを覚えている。空がまだ薄暗い3時半に起床。板橋からタクシーで首都高に乗り、銀座で降りて市場へ。雑然とした市場内を行き交うトラックや荷車を避けながら、時事通信の「築地分室」を目指す。

分室に着くと一息つく間もなく、作業着に着替えてゴム長靴をはき、卸売り場へ向かう。そこは既に数時間前から作業に従事する卸、仲卸業者をはじめ、魚をめぐる真剣勝負が繰り広げられている。その中でわれわれは黙々と仕事に当たる。各地から魚が運ばれて卸売りを控えた魚箱の山を丹念に見て回り、入荷状況をチェックするのだ。

初日は面食らった。当時、市場は今よりもかなり活気づいていた。卸や仲卸も慌ただしく動き回り、卸売り場は殺気立っていた。魚を売り買いする人、荷を運ぶ人以外は邪魔者扱いだ。魚の売買をめぐって時折見られた業者の間の小競り合いは、緊迫した取引の延長で当事者間のわずかなすれ違いから発生。市場内に大声が響き渡ることも珍しくなかった。

時事通信水産部の担当は主に、鮮魚を扱う卸5社にそれぞれ1人ずつ。大型のマグロなどを除く一般鮮魚類の入荷状況を調べた後、競り取引終了後に相場を確認しながら集計。相場表や市況を作成していく。

さらに市場で「大物」と呼ばれるマグロ類は、一般鮮魚とは別に担当者を置き、生鮮物については、1匹ずつ産地や荷印、重量、天然・養殖の違いや漁法などをきれいに書き記しながら、これらのデータを整理。競りで決まる相場と合わせて、入荷したマグロの種類や産地ごとに取引結果をまとめ、生鮮マグロ市況を配信する。

築地市場で取材していると、魚の流通がとてもシンプルに思える。産地で水揚げされた魚の多くが翌日、築地へやってきて取引され、仲卸を通じて業務用のほか小売店へ運ばれて店頭に。われわれ消費者がその魚を買い、調理して食べる。

もちろん、産地で取れた魚がすべて築地へやってくるわけではないが、日本一の市場にいれば、魚の最大の流通網を目の当たりにしていることになる。季節や産地によって取れる魚はさまざま。国内で最高の価値と消費を求めて魚介類が集まり、プロたちの目利きによって、それぞれ適した店へと引き取られていく。

魚の目利きは鮮度や脂の乗り、色や大きさなど、多くの視点から価値判断され経済評価、つまり値段（卸値）に置き換えられる。ただし、市場内の取引は競り・入札、あるいは相対で行われるため、売り手と買い手、双方の目利きが必ずしも卸値と合致するとは限らない。

年明け早々の初競りでは、青森県大間産の高級クロマグロを競り落とそうと、仲買人は目の色を変えて取引に臨む。初競りでは、通常の競りと比べ、数倍の「ご祝儀相場」で買い取られていく。かつて２００１年の初競りでは、大間のマグロにキロ10万円、１匹２０００万円の史上最高値がついた。

その一方で、マグロに比べ体重が１００分の１にも満たないアジやイワシといった小魚たちは、一部「関あじ」のようなブランド魚を除いて、希少価値という点では引けを取る。その上、各地から入荷が殺到すれば、市場原理の中、安値でさばかれることになる。場合によっては、「いったん冷蔵庫にしまって明日の取引に持ち越そう」ということにもなる。

かつてアジやイワシ、サバといった小魚は、市場で当たり前のように「競り」に掛けられていた。しかし、近年はこうした小魚のほとんどが相対取引でさばかれている。これは取引の効率性を重視した結果で、「魚本来の価値を低下させてはいないか」という疑問を抱く。

「魚」に関して近年、大きく変化しているのは、「魚資源の枯渇化」と最終消費の多くがスーパーに移り変わっているという2点。この2つの現象が、漁業をはじめとした水産業、そして伝統の魚食を揺り動かしている。

漁業崩壊の危機や、若者を中心に深刻化する魚離れの傾向は、築地市場に劇的ともいうべき変化をもたらしている。「魚の流通に携わる人は今、誰も儲かっていない」。景気回復の兆しを指摘する声がある一方、魚市場では閉塞感が増している。そうした築地の変わりようは、漁師たちに暗い影を落としている。

「漁師消滅」――。今、私たち消費者も漁業の実態を理解しなければならないと感じる。築地市場を拠点に、水産記者として19年目を迎えた私が取材を通じて実感する「漁業が私たち国民にもたらす恩恵」をかみ締めながらこの原稿を書いた。その意味で、私が入社当時「築地入り」した時の活気を取り戻し、漁業・漁村に明るい将来展望を見出せるきっかけに、本書が少しでも役立てられたらと願っている。

ルポ　ザ・築地　目次

第Ⅳ部 漁師消滅の危機、とにかく日本の魚を食べよう！

装幀　出口城

第Ⅰ部

世界一の魚市場、築地が変わる

プロローグ

「昔はマグロを築地へ送れば間違いなかった。名実ともに日本一。他（の市場）へ出荷することなんて考えなかった。でも今は、千葉や埼玉、大阪など他の市場に比べ、築地が一番安いってこともある。景気が悪いんだから仕方がないが、マグロが減って稼げないだけに、築地で値が出ないのは正直痛い。やっぱりマグロは東京・築地の競りで一番高い競り値がつかなきゃ。人口や街の規模が違うでしょ、ほかの所とは……」。

遠洋漁場で漁獲された冷凍マグロを港で大量に買い付け、消費地などへ出荷する静岡県の卸・加工業者はこう話す。漁船で急速冷凍され、真っ白に化粧されたマグロの行き場が見当たらず、長い間冷凍庫で寝かされることが少なくない。一部はブロックにして、インターネットの通販で一般消費者に送る。「漁師がいてこそわれわれの商売も成り立つわけだから、決して安売りはしたくない」と卸・加工業者はいう。

今、市場で「築地はやばいよ」とぼやく人が少なくない。主役となる魚そのものが減っていることや、内外の漁業規制が強化されていることに加え、大手スーパー・イオンが手掛ける産地直送など市場外流通の台頭、消費者の魚離れなど、数々のマイナス要因から、築地で魚の「量と価格」が維持できなくなっているのだ。

「魚が少ない上、魚価（単価）が安いんじゃ話にならない」――。日本有数のマグロ水揚げ基地、静岡県清水港でマグロを水揚げする東北や九州など各地の漁師は、資源の減少や魚価低迷などを理由に、漁船を海に残して「陸の仕事」に切り替えるケースが増えてきたという。欧米や中国など、世界的にマグロ消費が伸びているとはいえ、今でも刺し身マグロの大半は日本人の胃袋に収まっている現実を考えると「何かがおかしい」という気にならざるを得ない。

日本は外国からも多くのマグロを輸入。日本のトロ需要をにらみ、多くの国がマグロを漁獲して日本へ輸出していることから、一部の国から野生生物を保護するワシントン条約の保護対象として、地中海や大西洋のクロマグロを掲載し、国際取引を全面的に禁止すべきという案も出ている。

ワシントン条約での規制から逃れようとマグロ漁業国は、２００９年11月に行われた大西洋まぐろ類保存国際委員会（ＩＣＣＡＴ）の年次会合で、大西洋と地中海における２０１０年のクロマグロ漁獲枠を09年に比べ４割少ない１万３５００とすることを決めた。このうち、日本の漁獲枠も10年は１１４８トンと09年比４割減となり、マグロ漁師の〝実入り〟もますます減ることになった。

世界中のマグロを食べている国・日本の漁師が、漁業規制や国際競争の激化もあって漁船を捨てなければならないといった状況に追い込まれている。資源の悪化に伴う漁獲規制が最大の要因だが、輸入品に押されて伸び悩む魚価も漁師を一層苦しめている。

現に今回ICCATで漁獲枠が4割減ったにもかかわらず、「輸入商社が多くの在庫を抱えているため、仮に2010年から大西洋・地中海のクロマグロが禁漁になったって2年程度は大丈夫」と築地市場のマグロの競り人はいう。豊富な在庫に加え、09年秋以降の経済危機によりクロマグロ消費は落ち込んだままだからだ。ある輸入商社の担当者も「築地でマグロを上場しても思うような値が出ない」と嘆く。深刻な魚不況に多くの築地関係者が頭を抱え、それが漁師の「魚を取りに行く」という当たり前の意欲を打ち消す要因につながっている。

築地など魚市場での魚価の低迷以外に、見逃せないのがスーパー主導の一定規格を満たした「定番」の品ぞろえだ。今や消費者の大半が魚をスーパーで買う時代。量販店の仕入れ・販売における安定化志向は、不規則な魚生産と相反する面を持つ。

「魚市場で売れないっていうんだから、われわれ漁師が食べるしかない。俺たちはただ魚を取ってくるだけ。その後はどうしようもないんだよ。組合員（漁業協同組合員）の魚を漁協が買い取っても、販売先を確保する余裕はないから、取った魚は市場に委ねざるを得ない。景気が良いころは売れたよ。市場から『あれじゃ足りないからもっとどうにかならないか』って言われたこともあった。今は時代が違うんだ。売り物にならないこの魚だって、出荷する魚に比べてわずか数十グラム足りないだけ。そん色ないよ。脂が乗っていておいしいから食べてごら

■我が国の生産量及び輸入量の推移

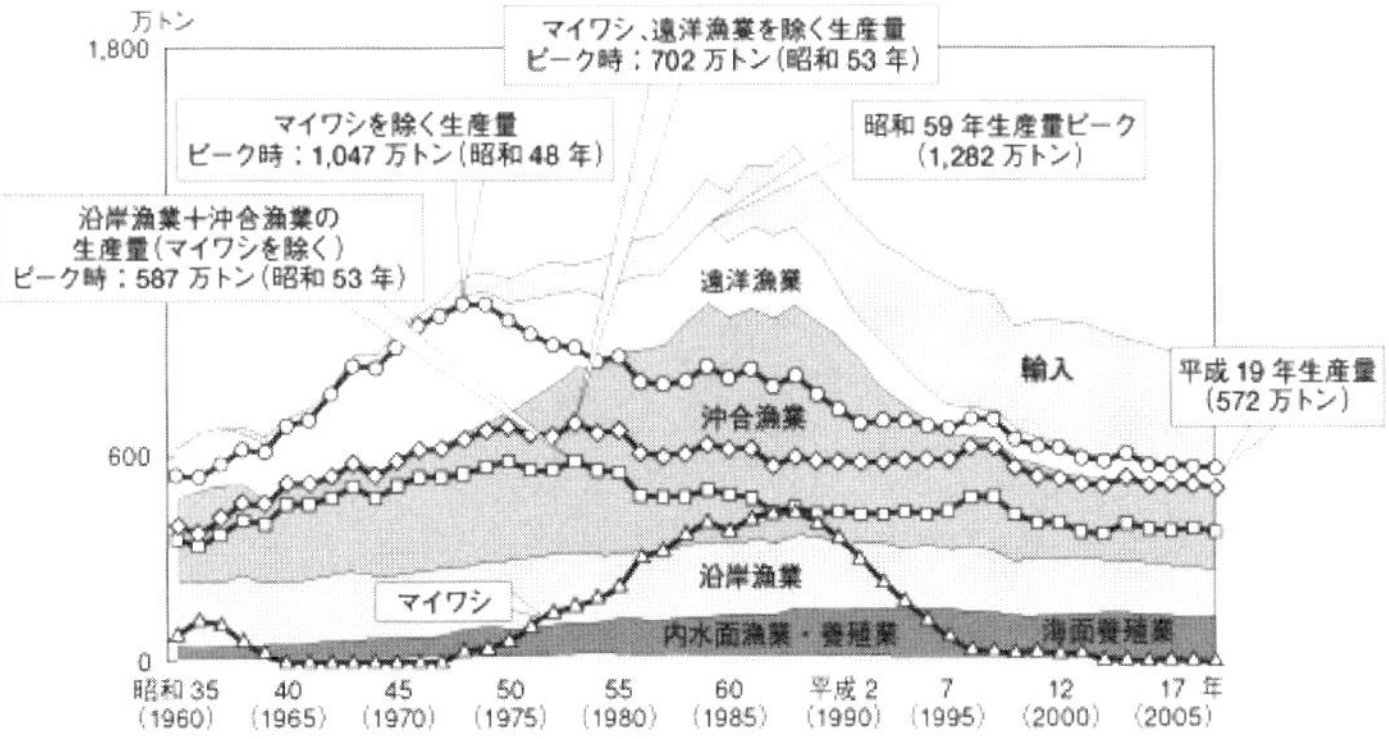

資料：農林水産省「漁業・養殖業生産統計年報」、財務省「貿易統計」

ん。もったいないね、まったく」――。

神奈川県三浦半島のベテラン漁師は、自ら釣り上げた旬の魚を指差しながらこう言った。スーパーなど量販店の規格に合わない若干小型の魚は、漁師のおかずになる。仮に東京・築地市場に出荷すれば、規格に合った魚よりも大幅に安い値がつけられ、いわゆる〝投げ売り〟されてしまうという。

一定重量で線引きされ流通上、「不適合」となった魚は「出荷すれば大型魚の足も引っ張って値崩れを起こしかねない」と漁師の悩みは尽きない。

「われわれ漁師の生活を守るために、今は小型魚の出荷を控えたほうがいい」とこぼす。「わけあり商品」と呼ぶには気が引けるこの魚。消費者としては、ちょっと重さが欠けるだけで、実際「脂が乗っておいしい」のであれば流通に乗せてほしいものだが、市場・漁師の事情で、残念ながら食卓に上るチャンスはない。

昔からこうした出荷対象外の魚を漁師は船の上や自宅で調理し味わった。近年、北海道のサケを使った「チャンチャ焼き」や、千葉県のアジの「なめろう」、四国の「タイ飯」など、多くの漁師料理がもてはやされているが、商品にならない「半端な魚」が漁師やその家族たちの腹に収まるのと、今、「売れない、値がつかない魚」が行き場をなくしているのと、ちょっと事情が違ってみえるのだが……。

第1章　変貌する築地市場の姿

日本一、いや世界最大級ともいうべき魚市場、東京都中央卸売市場築地市場（中央区）。高級ブランドショップや百貨店がひしめく銀座に程近い隅田川のほとりで、にぎわいあふれる新鮮な「食の街」が広がっている。

市場内では日々、各地から何百種ともいわれる魚介類が運ばれ込まれ、卸売り場では夜明け前から、プロたちが真剣に品定めしながら魚を売り買いしている。大量の荷と、プロ野球の客席を満員にするほど多くの関係業者が、魚の集散地・築地市場の独特な雰囲気を醸し出す。

早朝、まだ薄暗いうちから、魚箱や大型のマグロをそのまま乗せた通称「ターレ」という小型運搬車や荷車、自転車などが狭い通路を行き交う。そのそばでは、目当ての魚を探し歩く仲卸やスーパーなど量販店バイヤーの姿が見られ、年中、師走のようなにぎわいをみせている。

マナー違反が問題になって、2008年12月に外国人をはじめとしたマグロの競り見学が一時中止となった。市場は魚のプロたちの仕事場。一般客のために営業しているわけではないことを知ってか、「市場に関係ない人でも中に入れるの？」とか「魚を買うことはできるの？」と、

●築地市場見取り図

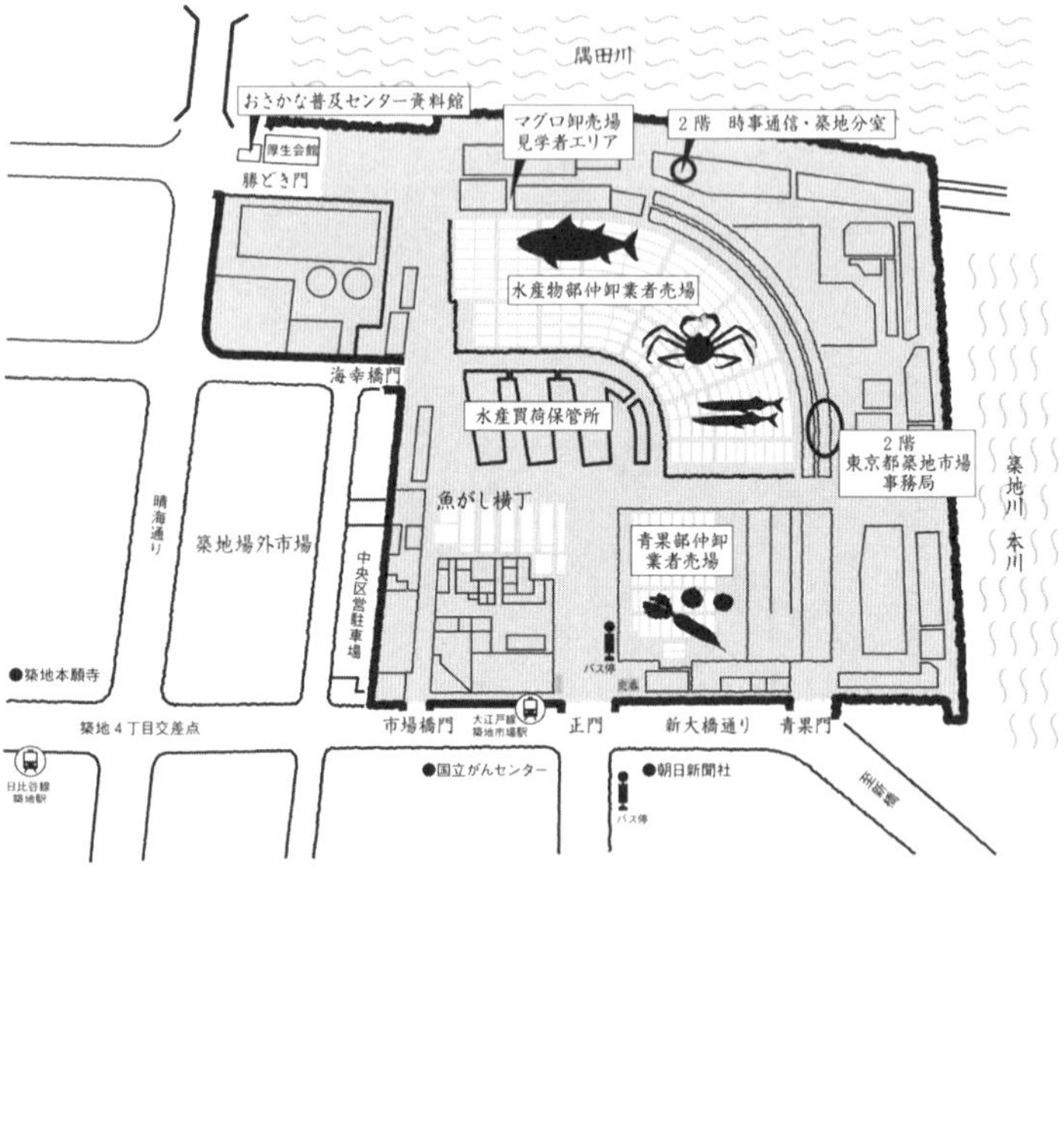

隅田川
おさかな普及センター資料館
厚生会館
勝どき門
マグロ卸売場
見学者エリア
2階　時事通信・築地分室
水産物部仲卸業者売場
海幸橋門
水産買荷保管所
2階
東京都築地市場事務局
築地川
本川
魚がし横丁
青果部仲卸
業者売場
晴海通り
築地場外市場
中央区営駐車場
●築地本願寺
バス停
築地4丁目交差点
市場橋門
大江戸線
築地市場駅
正門
新大橋通り
青果門
日比谷線
築地駅
●国立がんセンター
●朝日新聞社
バス停

一般の人から疑問の声を聞くことがある。

一般客の買い物はOK？

市場内はごちゃごちゃしていて分かりにくいが、マグロの競り見学エリアを除き水産物の卸売り場などは一般の人の立ち入りを禁止している。しかし仲卸売り場はOK。ここで見学していると、むしろ仲卸の店員から魚を薦められることがあり、年末でなくても一般の人が魚を買っている光景を目にする。業者の人たちに迷惑が掛からない範囲での買い物なら容認されているというのが現状だ。

築地市場は、1923年の関東大震災で当時の日本橋魚市場が焼失してしまったのを機に現在の場所で建設が進められ、1935年に開場。これまで70年以上にわたって首都圏の台所としての役割を果たしてきた。

世界中から豊富な海の幸を迎え、活気あふれる取引風景が伝えられる一方で、近年、築地市場は魚資源の減少や場外流通の増加などに伴い、運ばれてくる魚の量は減少し続けている。長引く景気の低迷による魚価安といった要因も重なり、「商売がどこまで持つか分からない」と、不安を抱える仲卸や卸も多い。

この先、施設の老朽化や手狭な取引スペースなどを解消しようと、東京都はおよそ2キロ離れた江東区・豊洲地区へ移転することを決めたが、移転予定地の土壌汚染問題などにより、「食の安全が脅かされる」と不安視する声が高まっている。2009年夏の都議会選挙や衆院選で、移転に反対する民主党が大躍進したことも、規定路線を脅かす要因だ。ただ、今の場所、中央区築地で各施設を順番に建て直すのは、スペースが足りず難しいことが分かっている。

かつて何通りものパターンで現在地再整備の策を検討したが、どの工法も何らかの不都合が生じることなどから関係業界の合意は得られず、都も含めた会合で築地での施設建て替えにさじを投げた経緯がある。

キーワード

●ターレ

正式名称は「ターレット・トラック」（製品名）。築地市場などの卸売市場で使用される荷物運搬用の小型特殊自動車。360度回転が可能な小回りの利く小型車の割に馬力が強く、多くの荷を狭い通路をかきわけ運び込むことができるため、築地市場ではなくてはならない乗り物。同市場では2009年10月末時点で2254台が登録されている。使い勝手がいいが、「慣れるまで乗りこなすのは難しい」との声も。

魚河岸の代名詞・築地市場に今何が起きているのか――。外国人にも大人気の築地の素顔をじっくりと見つめてみると、魚流通の変化だけでなく、漁業の将来や消費者へもたらす影響が少なくないことが分かってくる。

巨大市場で1日20億円が動く

水産物の流通の「心臓部」としての機能を持つ築地市場は、中央卸売市場の一つ。人口20万人以上の地方自治体が国の許可を得て開設する市場で、築地市場の開設者、つまり管理主体は日本最大の自治体、石原慎太郎知事が率いる東京都である。

現在の築地市場の総面積は23ヘクタール。東京ドームおよそ5個分の広さを誇り、世界中から毎日およそ２０００トンの水産物と、１２００トンの青果物をいったん飲み込んでは吐き出す、というマンモス市場だ。年間では水産物が約57万トン、青果物は32万トンに及ぶ。

海外の生鮮市場では、例えばヨーロッパでフランス・ランジスが２３２ヘクタール、スペインのメルカマドリッドが１７６ヘクタール、イタリア・ミラノが68ヘクタールと大きい。年間の扱い量は3市場いずれも合計１００万トンを超えるとされるが、「フルーツ&ベジタブル」の比重が高く、水産物はごく一部であるとみられている。

築地市場の正門の様子

また、２００７年に開場した中国の上海東方国際水産センターは36ヘクタールあり、水産物の扱いは推定で年間50万トンほど。魚の生産・消費が年々伸びている国だけに今後、規模は拡大していく可能性が大きいが、現時点で「東京・築地」は世界トップレベルのフィッシュ・マーケットといってもよさそうだ。

都によると、築地市場の１日の来場者は延べ４万数千人。水産では鮮魚を扱う5社と加工品販売の2社合わせて７社の卸売会社と、卸から鮮魚などを買うおよそ７７０の仲卸業者、さらに魚を買い付けに来るスーパーなど量販店バイ

キーワード

●築地市場卸７社
大都魚類、中央魚類、東都水産、築地魚市場、第一水産の鮮魚卸５社と、千代田水産、総合食品の加工品卸２社の７社をいう。

ヤーや街の小さな魚屋さん、料理店のほか、青果物を扱う業者、市場内で営業するすし店をはじめとした飲食業、関連する商品を扱う業者など、多くの人たちが市場を支えている。

最近では、世界各地からやってくる外国人の見学者も忘れてはならない。卸売り場では関係業者から厄介者扱いされる見学者に過ぎないが、市場内の飲食街で「築地のすし」に舌鼓を打って見学を終える外国人も少なくない。市場に隣接する「築地場外市場」も含め、外国人見学者も大切なお客さんだ。

築地市場の取扱金額は、水産物を中心に1日約20億円。これが最終消費段階、つまりスーパー鮮魚売り場やすし店、料理店などで私たち消費者が食べる時点で、その価値は何倍もの金額に膨れ上がっていく。

国内外から多くの種類の魚介類が、さまざまな経路で運び込まれる築地市場。鮮魚流通を簡単に説明すると、国産の魚の場合、まず漁業者が取った魚は、例えば北海道の根室港や宮城県気仙沼港、千葉県銚子港など各地で水揚げされ、それぞれの産地市場でいったん取引される。

漁港で水揚げされた魚の多くは地元で消費されるほか、冷凍に回され加工処理されたり、鮮魚のまま他の地域へ出荷される。その一部が東京・築地市場へとやってくるわけだ。全国津々浦々の漁港で水揚げされた魚たちは、大都市・東京での価格評価と消費を求めて主にその翌日、

水産物の流通経路

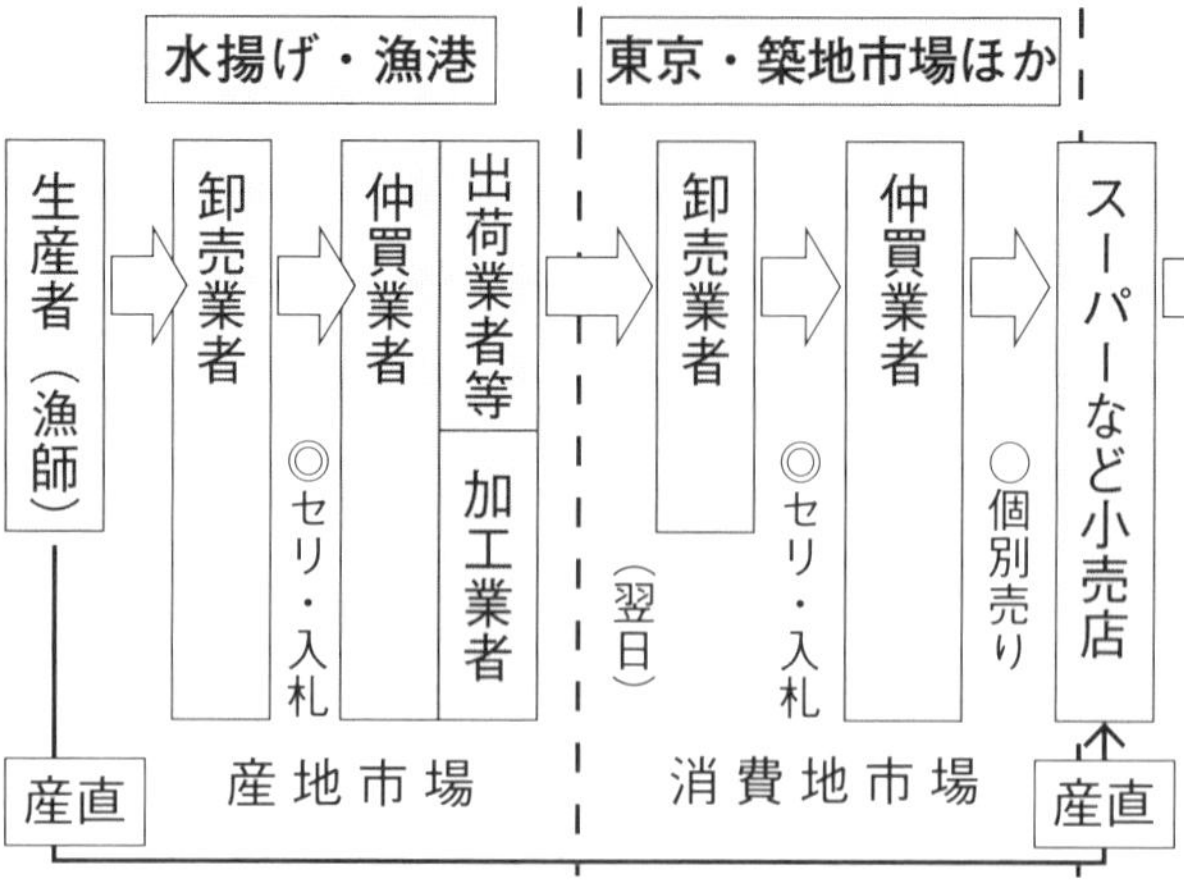

築地で取引されることになる。（図参照）

築地に入荷した魚は、おおむね2段階の取引が待っている。まず、産地から魚を集荷した卸会社が競りや相対取引によって、仲卸のほかスーパーなど量販店バイヤーといった買参権を持つ買い人に売り渡す。競りの場合は仲卸などが競り落とすわけだ。

スーパーのバイヤーなどが仲卸や卸から魚を買えば、その後は市場の外へ出て配送センターなどから各店舗へ送られていくが、仲卸が魚を確保した場合には市場内でもう一段階の取引が待っている。市場内最大の業者数を誇る仲卸店舗の店先に、仲卸業者が競り落としたり相対取引で確保したりした魚が並べられ、そこへ街の魚屋さんやすし店、料理店などの人たちが仕入れにやってくる。

市場内では数百キロもあるマグロをはじめ、

キロ以上ある大型の魚はほぼ1匹単位、アジやサバ、イワシなら約5キロ入りの発泡スチロール箱単位で売り買いされる。前にも述べたが市場内は卸売りを目的としていることから、ルール上は卸や仲卸売り場での一般客の買い物はご法度だ。

ただ、仲卸店では店ごとにマグロを細かく切ったり、アジやサバなら必ずしも箱単位で売ったりするわけではない。不況の今、「街の魚屋さんだってアジ数匹買っていくこともあるよ」とベテラン仲卸。その上「このアジさばいてもらえる？」と、仲卸に3枚下ろしをねだる街の魚屋さんもいるというから驚きだ。それなら、一般客が食事の範囲の買い物をすることだってできそうな気がする。

市場に入る際、車でなく歩いて入る場合には、不審者でもなければ警備員などに呼び止められることはない。そのまま仲卸で買い物をしても、「多くの人が出入りするだけに、監視の上、規制するといった措置は取っていない」と東京都中央卸売市場水産農産品課。つまり業者の邪魔にならない範囲でなら、「一般の人も魚を買うことができる」といってもよさそうだ。

一番人気の理由は「小」や「豆」

築地市場で取引される数多くの鮮魚。合計数百に上るといわれる魚種の中で、一番多く扱われているのは何だろうか。このクイズを出すと、市場内の古株でも「うーん」と考え込んでしまう人が多い。残念ながら匹数単位の調査データはないため、重量ベースの比較となる。大型の魚といえば、マグロやブリ、サケなどが頭に浮かぶかもしれないが、上位は意外と小さな魚ばかり。

東京都のまとめによると、築地を主力とした都内3つの中央卸売市場（足立、大田市場を含む）の2008年の扱量（築地市場のシェアは約9割）で最も多い鮮魚はアジ。次いでサンマ、スルメイカ、カツオやサバなどと続く。マグロは国産が12位、輸入物が33位と意外に少ない。

夏場にはマサバよりもおいしくなるといわれるゴマサバ

ちなみに日本で一番多く取れる魚は、サバ、サンマ、カタクチイワシ、ホタテガイ、カツオなどと続き、アジはホッケやサケ類と並んで8位となっている（2008年漁業・養殖業生産統計）。

築地をはじめ都内中央卸売市場で最多入荷を誇るアジは、三陸や常磐の各地や千葉、静岡のほか、日本海側では北陸、山陰、さらに四国や九州の漁港など、ほぼ全国から入荷する。大型の巻き網漁船で漁獲された直後には、山のようにアジが市場を埋め尽くす。アジは、秋の味覚・

サンマのように取れるシーズンが決まっていないため、年中どこかで水揚げされ、築地市場へ運ばれてくる。

季節を問わず、いろいろな場所で大量に水揚げされる魚といえば、アジのほか漁獲量日本一のサバが挙げられる。ただ、サバの場合、マサバとゴマサバのうち、比較的人気が低いゴマサバが漁獲の多くを占めることに加え、「アジは小さな魚も空揚げなどで食べることが強みではないか」と、同市場卸・東都水産の小林泰輝・鮮魚課長はみる。

サバやサンマはあまり小さいと、缶詰や飼・肥料などに向けられてしまい、市場へ出荷されても値が付きにくい。その点アジは「小アジ」「豆アジ」といった呼び方が浸透しているくらい、おなじみの存在だ。

こうした天然の鮮魚をはじめ、築地市場では養殖魚や貝類、さまざまな冷凍魚、海藻類のほか、ウナギかば焼きやシラス、煮干しといった加工品などが入荷し、それぞれプロたちの目利きによって取引されている。

「加工品」には菓子パン、デザートも

鮮魚のイメージが先行している築地市場だが、近年は冷凍魚や魚以外の種類も含めた加工品

が大量に扱われるようになっている。天然近海魚の資源が次第に減っていることに加え、冷凍やさまざまな加工技術の進歩が保存性ある加工品の生産・出荷増につながっている。

築地市場の取り扱いのシェアを比較すると、鮮魚は29％で冷凍魚は24％。これに対し、加工品は鮮魚、冷凍魚を上回る36％となっている（２００８年、東京都調べ）。40年ほど前には鮮魚よりも加工品の扱い量は少なかったものの、その後おおむね拡大傾向を示している。

ここで「加工品」としてカウントされるのは、塩サケやアジの干物、シラス干し、メンタイコ、ウナギかば焼きのほか多種多様で、中には魚とはあまり関係のないものも含まれている。

市場で次第に幅を利かすようになってきた加工食品

築地市場に隣接するいわゆる「築地場外市場」では、タレントのテリー伊藤さんのお兄さん・「アニー伊藤」こと伊藤光男さんが玉子焼き屋さん「丸武」を営んでいることが知られているが、市場内でも玉子焼きが大量に売られている。このほか、「伊達巻」などの練り製品を筆頭に、カップラーメンや菓子パン、梅干しのほか、プリンやシュークリーム、あんみつといったデザートも取りそろえられている。

これらの食品は、卸会社の加工品関係の部署に所属する担当者らが日々販売。仲卸や売買参加者らの注文に応じて卸が商品を確保する。扱っている商品は多種類におよび、「売り上げを稼ぐため、生鮮魚介類でない加工食品であれば幅広く扱っている」と卸会社の担当者はいう。デザートなど、「築地・魚河岸」にあまり似つかわしくない加工品が多く扱われている背景には、「魚だけでは食っていけない」（卸会社）という現状もあるようだ。

世界的な魚資源の減少や市場外取引の増大に伴い、築地市場の取引量は減少の一途をたどっている。東京都がまとめた２００８年の東京都中央卸売年報によると、年間の取扱数量は56万７０００トンで、30年前に比べおよそ３割減少。50年前の水準にまで落ち込んでおり、卸や仲卸業者の経営はひっ迫。厳しい商いが続いている。

特に近年、仲卸業者の数は減る一方で、空き家状態の店舗が目立つようになってきた。築地市場の仲卸業者でつくる東京魚市場卸協同組合（東卸）によると、１９９３年ごろまで１０００業者以上が仲卸売り場で商売していたものの、店をたたむ業者が相次ぎ、ここ十数年で二百数十軒が廃業に追い込まれたという。商売を続ける仲卸も今は、多くが赤字経営を余儀なくされている。

かつては「営業権だけで１億円は下らない」（市場関係者）といわれた築地・仲卸。店をたたむケースが増えている要因は、「市場経由率が低下したことや、仲卸の得意先であった街の魚屋さんや料理屋さんが減ったことが大きい」（東卸）という。

確かに街の小さな魚屋さんは、少なくなっている。築地市場に出入りする小規模な鮮魚専門店経営者らでつくる東京魚商業協同組合（東京魚商）によると、現在の加盟組合員数は661（1経営者で複数店舗を経営する場合もある）。ピーク時の1976年にはおよそ2400の組合員を抱えていたため、30年余りで3分の1以下に減ってしまったことになる。

吹き続ける魚河岸の不景気風

かつて漁港から築地・卸、そして1000業者ほどの仲卸が、計2000人以上の街の魚屋さんや料理店などを相手に魚を卸していた時代と、今とでは大きな違いがある。たくさんの魚を多くの関係業者が取引すれば、市場はおのずと活気付く。日本が好景気に浮かれたバブル期まで「産地から魚を呼べば簡単に今より高い値段で売れた」と、ベテラン仲卸はなつかしそうに振り返る。今の取引とは雲泥の差があるようだ。

さらに、「かつては漁師や産地から魚を送る荷主、そして築地の卸・仲卸、小売りと、すべての人が儲かった時代があり、魚価も全体的に高くて簡単に利益が得られた。しかし今は儲けようなんて考えていられない。何とかしのいでいるだけ」（同）と表情はさえない。

仲卸団体、東卸が仲卸の減少要因として挙げた「市場経由率の低下」とは、水産物が市場を通って消費される割合が減ってきたということ。２００８年、大手スーパー・イオンが島根や石川県の漁業協同組合と直接取引を始めるなど、魚が市場を飛び越えて店頭に並ぶケースが目立ってきた。

スーパーなど量販店に限らず、最近は産地市場で取引されても、築地市場などの消費地市場に運ばれず、小売業者や外食産業に直行する「中抜き」の流通も少なくないため、市場経由率は低下傾向にある。

水産庁によると、全国消費地市場の経由率は「昭和50年代には80％を超える時期もあった」というが、２００６年度には62％にまで落ち込んでおり、市場外流通が勢力を増していることが分かる。

今後も減り続けるかどうかは未知数だが、インターネットでの取引なども拡大していることから、築地市場の卸や仲卸業者にとって直接取引の台頭は脅威であり、死活問題といえそうだ。

ただ、市場経由率がこのまま低下し続けるとは言い切れない。築地市場での取引にもそれなりの利点があるためだ。イオンのように、ある漁船の漁獲物をまとめて買い取るとなると、「マイナーな魚の処理などにコストが掛かり、最終的に儲けは出ない」と話す流通関係者は少なくない。

スーパーなどが産地と直接取引を行うにはリスクがつきまとう。自然が相手の漁業は、あらかじめ狙った魚をその通りに手に入れることが必ずしもできるとは限らない。従って「(スーパーなどの)産直は主流になり得ない」(流通関係者)との見方が支配的だ。

漁港で水揚げされた魚は、多くがいったん産地市場で競りに掛けられ、築地などの消費地市場へ送られて再度取引されるため、通常はどんどん値がつり上がっていく。2度も市場で取引されるほか、人件費や送料なども掛かることから、同じ魚なら産直のように水揚げ後、できるだけ早い段階で買った方が安上がりなのはいうまでもない。

ところが産直には大きな落とし穴がある。極端にいえば「魚は取ってみなければ、種類や大きさ、量が確保できるか分からない」(産地関係者)とまさに水物。特に魚の量には不安がつきまとう。いつでも大漁ならそんな心配はいらないが、ひとたび海がしければたとえ旬でたくさん取れる時期であっても、期待外れの「漁薄」で漁師はがっかりというケースもある。

魚の量が少ないばかりか、産地で決まる相場も跳ね上がってしまい、想像以上に高い買い物となる可能性もある。量が足りなければ、他の市場で魚を手当てしなければならず、お金と手間が余計にかかってしまう恐れがある。

第2章　産直がはやらないわけは「築地にあり」

たとえば春や秋のカツオ漁が盛んな時期に、有力産地である千葉県勝浦港や宮城県の気仙沼港などで一定量を買い上げてスーパーなど量販店が特売した場合、豊富な水揚げがあれば産地の競り価格（浜値）は安く、賢い仕入れとなる。しかし、お目当ての漁港に当日水揚げされるカツオが少なく浜値が高騰してしまえば、その取引に関して大きな損失を被ってしまうこともある。産地で水揚げされるカツオは、もちろん新鮮そのものだ。しかし、「その時の漁場によって同じ漁船が取ったカツオでも、当日漁獲した魚のほか3、4日前に漁獲されて積み込まれた魚もある」と産地関係者は打ち明ける。その上、魚の大きさだって均一ではない。

これに対し、初めから築地市場で手当てするつもりなら融通が利く。卸会社によると、スーパーなど量販店バイヤーからの発注は基本的に前日。そのバイヤーが市場に来て追加的な取引を行う場合なら、前日にある程度の量を注文しておいて、当日安くて質の良い魚があれば、買い付けるといった具合に、早朝、市場内をあちこち歩き回る。

アジ、サバ、イカ、マグロなどそれぞれいろいろな漁港から魚が運ばれてくるわけだから、通常よりも大幅に安い値段で、質の良い魚がさばかれていくことも珍しくない。卸売り場には、産地や漁獲された日、大きさごとに分けられた魚が同じ荷口として取引されるため、買い手はほしい条件の魚を対象に、相場をにらみながら買い付けていく。

魚を見てから仕入れるかどうか決めることができない特売用などの産直は、場合によっては大きな危険を伴うのだ。魚の良し悪しを見分ける「目利き」は、それなりの経験を要する特殊な技術であることから、全国から魚が集まる築地市場など中央卸売市場で魚を買い付けるメリットは大きい。これが小売りサイドの仕入れが産直一辺倒に傾かない一つの要因となっている。関東を中心に店舗展開する鮮魚専門量販店、魚力のバイヤーによると、「産直は旬の魚のスポット的な売り込みとして行うが、仕入れの中心は築地市場。各地から魚が集まるだけに比

キーワード

●目利き

魚の質を見分けること。鮮度はもちろん、脂の乗りや身の締まり具合、身の色などから魚の価値を評価している。魚によって旬の時期が異なるほか、産卵期に身質が落ちることなども加味して判断する。また、取れた海域や漁法などによって同じ種類の魚でも質が違うことから、さまざまな要素を総合的に判断するのがベター。しかし、マグロなどは最終的に「切ってみなければ分からない」といわれるほど、目利きは難しい熟練の技であり、「経験がものを言う」とみる人が多い。

較的良い魚が安く買えるケースも多い」と話す。

一方で、日本の水産物流通は非常に複雑なことから流通コストがばかにならず、「漁師が儲からないのは卸売市場で余計な経費がかさんでいるためではないか」といった声もある。

農水省の調査では、魚が漁港で水揚げされてから東京など、消費地の魚屋さんの店頭で売られるまで、価格は平均4倍ほどにはね上がる。つまり4分の3は流通マージン。漁師さんの取り分、産地価格は小売価格の4分の1ほど。農産物と比べても割合が低いことが指摘されている。

魚の値段（小売価格）のほとんどは、産地から消費地までに付加されていくとみることができるわけだが、たとえ流通の一部を省いても、決して中間マージンの多くが節減できるとは限らない。

築地を通せば時間、魚のロスは少ない

築地市場をはじめとした中央卸売市場は、取引したい魚を多くの対象から選ぶことが可能。産直のリスクを回避できることを考えても、築地市場などがむしろ効率的な魚流通に貢献しているのだが、それ以上に築地など中央卸売市場には大きな役割がある。

都によると、中央卸売市場は集荷・分荷と価格形成に加え、取引の決済や情報提供、衛生の保持などの機能を果たしている。

このうち、国内外から多くの魚などを集め品ぞろえする「集荷」機能は、よく知られているが、「卸から仲卸を経由して、小売商や飲食業者などが求める種類、量、大きさに小分けて売り渡す」（都）という「分荷」という機能も重要だ。

一部、スルメイカのように漁船上で大きさが選別され、ほぼ同じサイズのイカが箱詰めされる魚種を除き、産地の漁港では大きさがまちまちの魚が一度にどさっと水揚げされる。アジなら大きめの中アジから豆アジまで一緒に漁港に水揚げされ、10キロ以上の箱単位で取引されることも珍しくない。

アジやサバ、イワシ、サンマなどの大衆魚は、大型の漁船で一網打尽にして漁獲されることが多いことから、多ければ一日当たりの水揚げ量は、一カ所の漁港で数百トンにも及ぶ。これを漁船の水揚げ直後に小売り段階でポピュラーな5キロほどの発泡スチロール箱に入れて処理するには無理がある。

水揚げされたアジが、ほとんど同じ大きさなら、漁港での選別もそれほど重要ではないが、すべてが塩焼きや「たたき」になるわけではなない。「築地に大小ごちゃまぜの魚が入荷してしまえば、市場の機能は麻痺する」（小林泰輝・東都水産鮮魚課長）と築地市場の卸会社は指摘する。それほど築地までの選別が重要であり、次第に小分けされながら小売店などにたどりつくからこそ、逆に時間と魚のロスが少なくて済むというわけだ。

漁港では水揚げ時、魚体が傷んで出荷できないような魚が見つかることも少なくない。従って漁港で取引された後、丹念な選別の上で築地へ出荷しなければ、ロスも含めてコストは逆に増してしまうことになりかねない。

アジは水揚げされ漁港で取引され、大きさごとに仕分けされてから鮮魚出荷用のほか、冷凍して開きなどの加工用に回されたり、小さな魚は一部飼料などに利用されるといった用途がある。地元で消費されず、かつ築地市場など消費地へも出荷されない魚は、産地付近で冷凍保存されるなど、それなりの行き先がある。

漁港では多くの人手がかけられて、比較的良い魚は築地市場などへ運ばれてくる。ブランド魚なら脂の乗り具合を客観的に調べてから、ラベルを張って送るほどの手間がかけられるケースもある。こうした利点があるため、スーパーなど量販店バイヤーは日々、安心して築地市場に通い、魚を調達しているのだ。

魚が安い⁉～失われる築地の活気

近年、卸、仲卸業者ともよく口にするのは、「昔は魚を並べているだけで売れた。ところが今はあくまでも値段重視。安くなければ良い魚でもさばけない。不景気だから仕方ないよ」といったぼやき節だ。これから景気が回復しても、魚流通の基本が変わってしまった今では、かつてのように「簡単に儲かる」ということはなさそうだ。

スーパーなど量販店取引の浸透は、築地市場の魚取引を少しずつ変化させてきた。大きな販売力を持ったスーパーなど量販店は、市場の関係業者にとって頼れる存在に違いない。産地から魚を買い付け、それまで仲卸への販売が主力だった卸会社にとって、スーパーなど量販店は明日の仕事のかぎを握る「お得意様」なのだ。

しかし、良いことばかりではない。街の小さな魚屋さん中心の流通から、スーパー主体の供給態勢にシフトしたことで、「かつては入荷が少ない時に卸値が跳ね上がった人気の魚でも、高値が抑えられるようになった」と卸会社の担当者は口をそろえる。

２０１０年１月５日に行われた築地市場の今年の初競りでは、大間のクロマグロにキロ７万円、１匹当たり１６２８万円という高値がでた。このほか近年、アワビやウニでキロ数万円、サバやイワシなどの大衆魚でも、主力産地でしけとなり水揚げが少ない時には、通常よりも大幅に高い値が付くこともある。

市場原理に従えば、需要と供給のバランスで価格が決まるため、品薄の魚に超高値が付くのは、むしろ当たり前のことだが、安く買おうとするスーパーなどが小売りの中心に躍り出た今、「高値水準も引き下げられている」（卸）というのが現状だ。

それを裏付けるように、築地市場をはじめ都内中央卸売市場の２００８年の平均卸売価格は、生鮮品のサバやサンマ、スルメイカ、養殖ハマチなど多くが10年前に比べて下がっている。アジはほぼ同じ水準で推移。冷凍品ではサンマやメバチマグロ、エビといったなじみの魚種が値を下げている。

このように、一部高級魚を除いて魚価が低迷しているのは、市場の取引方法とも深い関わりがあると指摘されている。築地市場の魚取引といえば、マグロでおなじみの活気ある〝競り〟をイメージする人が多いだろう。もちろん今でも、生鮮のクロマグロを筆頭にしたマグロ類（小型を除く）は、巨大なマグロが横たわる卸売り場で、卸会社の競り人が大勢の仲卸業者を相手に取引に臨む姿が見られる。

上野「アメヤ横丁」の魚屋さんよりもスピーディーに、一瞬で高級マグロが仲卸によって競り落とされる場面は、緊張感が高まり市場関係者でも注目する。マグロのような派手さはな

数多くの水産物が入荷し取引される卸売り場

いが、アジやサバなど以前はほとんどの生鮮魚が競り取引だった。しかし、バブル崩壊以降、次第に売り手と買い手がそれぞれ交渉によって卸値や取引数量を決める〝相対取引〟に移行してきた。

「一般鮮魚の競りは、今は全体の1割にも満たないのではないか」——。市場開設者、東京都中央卸売市場築地市場・水産農産品課の担当者はいう。築地に入荷する魚介類は数百種類に及ぶが、このうち競り取引が行われているのはマグロ類（小型を除く）と、活魚、エビ、ウニ、カキのほか「一般鮮魚」とされる魚種のうち、マダイ、アマダイ、ヒラメ、マナガツオ、ヤナギカレイなどごく一部の高級魚だ。

鮮魚全体でみると、今や競りは例外的な取引なのだ。かつてはほとんどの魚種が活気ある競りで取引されていたが、「スーパーへの卸売が中心となったことで、取引方法は相対取引に変わってしまった」（佐藤正人・築地魚市場販売促進部専任部長）と卸会社の幹部は振り返る。

一般に競りは相対に比べ、入荷が少ないときに極端な高値が出やすいという特徴がある。2010年の初競りで、一番人気の大間のクロマグロに1匹1600万円を超える超高値が出たのも、数少ない極上マグロを取り合った競り取引の結果だ。

しかし、スーパーなど量販店主導の相対取引が定着し、アジやサバなど多くの魚種で競り取引が行われなくなった今、こうした高値は例外中の例外なのだ。相対取引では極端な高値が出にくいばかりか、スーパーなど末端重視の魚取引だけに、安い小売価格を前提とした価格形成が目立つ。そこで時には、「本来の魚の価値を無視した値が付けられる」と、産地サイドから不満をぶつけられる卸担当者は少なくない。

不況で漁師の経営も厳しいだけに、築地の値段は「漁師に死ねといっているのに等しい」（産地関係者）と、競り取引の復活まではいかなくても、「魚の価値に見合った相場で取引すべき」（同）と指摘されるケースも多い。

アジ、サバ、イワシの競りは昔話

鮮魚流通の主力が仲卸からスーパーなど量販店バイヤーに移行したのは1990年代前半。街の小さな魚屋さんが店をたたんでいくのと同時に、次第に仲卸が力をなくしていく姿が見て取れた。当時、築地の魚取引といえばまだ競りが主流だった。マグロ、タイやヒラメなどの活魚はもちろん、一般大衆魚のアジやサバ、イワシ、スルメイカやカツオ、サンマなども売り手と買い手の真剣勝負、競り取引があちこちで繰り広げられていた。

卸売り場棟の2階に設けられた鮮魚の競り場では、仲卸が1階の売り場に入荷した鮮魚をあらかじめ品定め（下付け）し、定刻に競り台へ。競り場では、生鮮品を扱う卸5社それぞれの競り台が設置されていたほか、「近海」魚など一定の種類に分けた各社合同の競り台が置かれ、競り人がそれぞれ定刻を告げるベルの音とともに大勢の仲卸と向き合いながら魚を競っていた。

競り人は「おはようございます」とあいさつした後、間髪入れずに「アジ～、長崎、ヤマA（屋号）25入り～、5キロ、100個、いくらいくら～！」といった具合に一定のリズムで魚種、産地、荷主の屋号、さらに尾数、魚の総重量や入荷数などを仲卸に告げ、最後の「いくら～！」で語気を強めて仲卸業者に「ヤリ」（競り落とす値）を出すよう要求。これに対し、仲卸は手で買い取り希望値であるヤリを出し、高い順に競り落とされていく。魚はおおむね大きい順（魚箱はほぼ5キロ入りのため、尾数が少ない順）に競られていく。魚種によって違いもあるが、魚はだいたい大きい方が脂も乗って価値が高いとされるからだ。

大型の魚は比較的数が少ないため、小型魚よりも品切れになるのが早い。量が多く人気が落ちる小型魚は競り残るケースが多く、相対取引に回される。ただ、小型魚とはいっても、漁港から築地へ送る際には大型魚から優先して出荷されるため、築地で小型として扱われても、一般には並みの大きさであることも少なくない。

街の魚屋さんが減り、仲卸の影も薄くなってきた90年代前半、次第にスーパーなど量販店の勢力が拡大、鮮魚販売の中心を担うようになると、市場取引の大原則、「競り」のあり方が見直されるようになった。当時、5時半開始の競りで仲卸を通じて魚を確保していたのでは、スーパー各店の配送には間に合わないという課題もあった。

魚競っても「意味ない」

卸会社、第一水産の中浜菊緒・営業第三部長は当時を振り返り、「競りでは魚が動かなくなっていた。数の上で大多数を占める仲卸だが、ほんの数人のスーパーバイヤーが鮮魚取引の中心となっていたため、築地の競りは限界にきていた」と話す。

例えば、同じような品質で北海道や青森県からどっと入荷するスルメイカの場合、「築地の卸5社それぞれ毎日、1000~2000ケースまとまって入荷するため、仲卸を中心とした競りでは折り合いが付かず、買い叩かれるケースが増えていた。あらかじめ水揚げ状況をみながら、翌日の取引交渉をスーパーなど量販店と進めてしまえば、売る方も買う方も安心できることから、次第に競りは形骸（けいがい）化し相対取引が定着していったという経緯がある」（中浜部長）と説明する。

卸会社にとって、スーパーなど量販店のバイヤーの販売力は大きな魅力。競りでヤリが出ず、たくさんの魚が相対取引に回された場合、販売力が低下した多くの仲卸と交渉を重ねると、買い叩かれて二束三文になってしまう。

それに比べ、スーパーなど量販店バイヤーとの交渉で、そこそこの値を提示していっぺんに多くの魚を引き取ってもらった方が効率はいい。

「こんなにたくさん（仲卸さんが）いて、誰もヤリを出さないの？」。競り取引が思うように運ばないケースが増え、競り人のぼやきも次第にいらだちに変わった。

「競っても意味ないじゃん」――。こんな言葉も聞かれるようになった90年代半ばには、アジやサバ、スルメ、イワシなど大衆魚の競りはますます形だけの儀式に過ぎなくなった。魚種や産地、屋号などが書かれた「看板」を競り人は事務的に次々と読み上げ、挙句の果てに小型魚の分は「これは（ヤリがでそうもないから読み上げなくて）いいですね」と省略する場面も。

こうなったら魚が置かれた卸売り場から、決まった時間に「競り台に向かうのはめんどうだな。看板書くのも手間だし」と次第に形だけの競りに競り人も飽き飽き。もちろん大衆魚とはいえども、前日に海が荒れて入荷が少なかったり、小型ばかりで大型魚がほんの一部の入荷にとどまったりした時は、競る意味があった。ただ、大多数の大衆魚が競り残り、相対取引でスー

キーワード

●手ヤリ

競りなどの際、片手の指を使って値段を示す方法。騒がしい市場内で瞬時に希望の卸値を知らせることができるため、取引に広く定着している。数字は指を立てて示し、具体的には1→人差し指1本、2→人差し指と中指、3→中指と薬指と小指、4→親指以外、5→5本すべて、6→親指1本、7→親指と人差し指、8→親指と人差し指と中指、9→親指を立てその先に人差し指を曲げながら乗せる。例えばキロ当たり1500円なら1の後すぐ5をみせてこれを繰り返して示す。

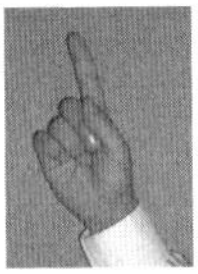
1と10

2

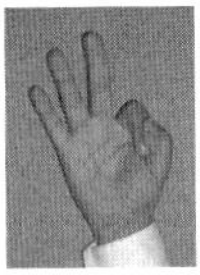
3

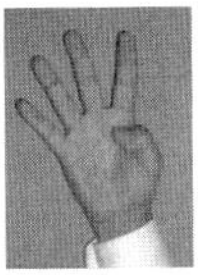
4

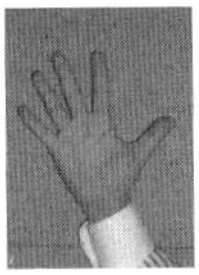
5

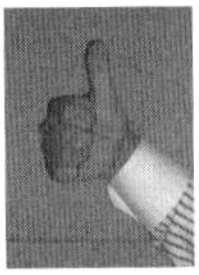
6

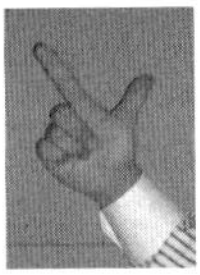
7

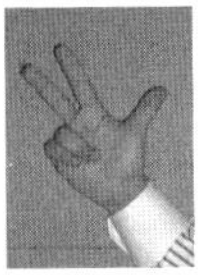
8

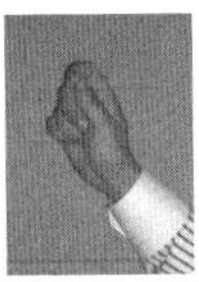
9

パーなど量販店に引き取られていくのが日常化すると、あくまで「競り」を原則としていた取引にも疑問が出始めてきたのだ。

「相対取引」を取引原則に追加

こうした中、取引原則の大転換があった。全国の中央卸売市場を所管する農水省が１９９９年、魚市場のバイブルである卸売市場法の改正で、取引の原則を「競り・相対取引」と併記する形に改めたのだ。

これを受け、翌年の２０００年に東京都は条例を改正。市場ルールで競りに加えて「相対取引」を原則に追加した。さらに、それまで午前5時から午後3時までとしていた市場の開場時間を「午前零時から午後12時まで」、つまり24時間営業に切り替えた。このルール改正により、魚種ごとに取引方法などを選ぶことにした結果、今のように大半の魚種で相対取引が行われるようになったのだ。

もちろん、競りや相対など、取引方法を選択する際には、都が市場の卸や仲卸などとの協議を得て決定した。当時を振り返り、同市場の卸、中央魚類の座間隆・鮮魚一課長は次のように話す。「大型のマグロ類など一部を除き、鮮魚全般は取引の上で中心となっていたスーパーが、配送センターに向け魚を築地から運び出すのは午前零時から2時、遅くて3時。4、5時の競りを待っていたのでは遅い。それに当日の競り次第で数量、価格が変わってくるのでは、スーパーの仕入れに間に合わない。数量と価格という2点でスーパーの要求を満たすためにも、前日からの予約注文が必要であり、スーパーなどが競りで思うように魚が確保できなかった当時、相対取引を求める声が支配的だった。そのころ、（相対取引に難色を示す）仲卸の抵抗もあったが、全体として仲卸の取引量が減少傾向にあったことから、反対の声は大きくなかった」という。

これで夜中に魚を運び出したいスーパーにしてみれば、願ったりかなったり。これを機にスーパーなど量販店の築地市場における取引は一気に加速することになった。競り・相対を魚種ごとに決めた結果、大型のマグロ類やエビ、ウニ、カニなどを除き、特にアジやサバといった大衆魚は全面的に相対取引へ移行。競り取引はごく一部に限られることになったわけだ。

日本最大の魚市場のこうした規制緩和は、首都圏だけでなく鮮魚流通・消費形態に大きな影響をもたらした。さらにスーパーなど量販店は、仲卸と同じように卸会社から魚を調達できる買参権を次々に獲得したこともあって、堂々と築地の鮮魚取引の主役に躍り出た。かつては5時から始まる競りが終わらないと、魚を運び出せなかったスーパーも、今では早ければ仲卸が市場に到着する以前の午前零時ごろに配送センターへ送り、各店舗へ配送しているという。

最近でも、築地市場の卸売り場には多くのスーパーはじめ量販店のバイヤーが魚を品定めする姿が目立つ。中には市場で「今日のお薦め」の魚の映像を撮影し、店舗で流すバイヤーもいる。もちろん数が減ったとはいえ、大勢の仲卸も魚の品定めに真剣。仲卸業者の中には、街の魚屋さんやすし屋さん、料理屋などのほか、スーパーからの注文で魚を仕入れているケースも少なくない。いずれにせよ、魚の最終消費の大部分はスーパーなど量販店に依存しているため、スーパーの集客が築地市場の鮮魚取引に大きな影響をもたらすようになった。

第3章　本当に安くてうまい魚は食べられない

魚の価値を変える「4定」

「消費者の7割は魚をスーパーで購入」――。近年の農水省の調査によると、鮮魚を購入する際、最も利用されているのがスーパーで、そのシェアは7割に上っていることが分かった。半面、街の小さな魚屋さんなど「一般小売店」のシェアは1・5割に低下。両者の格差は今後も縮まりそうにない。

スーパーなどが日々の鮮魚取引で重視する点として「4定」条件が挙げられる。一定の数量、価格、品質、規格を指し、特にメジャーな魚をこの条件に沿った形で仕入れ、供給しようというスーパーが多い。

ただ4定は魚を取る漁師にとっては、少々無理な注文だ。自然を相手した漁は、数はもちろん、品質や規格などを自由に選択できるわけがない。価格だって一定ではなく、少しでも高く売りたいという気持ちに変わりない。「あまり偏ると良くないが、できるだけ値が付く大きな魚をたくさん取りたい」（北海道のサンマ漁師）というのが、多くの漁師の願いだ。

サンマに限らず、マグロやアジやサバ、イワシ、スルメイカなどほとんどの魚種は、大きいほど市場で高い値が付く。小さくなるにつれて安くなるのが、価格形成の基本だ。しかし、4定を重視するスーパーの台頭によって、時にはこの基本が崩れる場面がある。

築地市場でも大きいほど魚は高いことが多いため、スーパーなど量販店が大量に扱うのは2番目あるいは3番目に大きなサイズ。サンマなら4キロ箱に18匹しか入らない大きなサイズから、同じ4キロ箱に27、28匹入った比較的小さなサイズまで入荷する。このうち、スーパーなどが量販するのは、22〜25匹ほどが入った中間のサイズが多い。またスルメイカなら5〜6キロの箱に15杯入りという大型から、20、25、30杯入りのサイズが扱われる。このうち、スーパーは25匹入りのサイズを量販することが多い。

スーパーにとってはそこそこの大きさなら、1匹当たりの単価が安い方が仕入れ値（卸値）が抑えられるというわけだ。また、「トレーからはみ出すような大きい魚は、安くたって仕入れない」（首都圏量販店担当者）と器にも限界があることを忘れてはならない。

こうしたスーパーの仕入れ傾向が、市場の価格形成を変えてしまうことがある。大きくて高いはずのサンマの18、20入りが25入りよりも安くなったり、スルメイカの20入りが25入りよりも安くなったりというケースだ。

こうした傾向は、出世魚の昇格も阻む。冬に旬を迎える「寒ブリ」で知られるブリは、地域によって呼び名が変わるが、モジャコという稚魚からワカシ（1キロ未満）、イナダ（1～2キロ）、ワラサ（2～5キロ未満）、ブリ（5キロ以上）などと大きくなるたびに魚名が変わる（カッコ内は目安の重量）。

うまくても安くても「ワラサ」が敬遠されるわけ

冬場に富山県氷見漁港などで水揚げされる寒ブリは、築地市場でも高値が付く。冷たい海で身が締まり、脂が乗った10キロ以上のブリは高根の花だ。ただ、ブリ類の漁獲は北海道から九州まで各海域で行われ、特に小ぶりのイナダなどはほぼ周年市場に出荷され、寒ブリよりはかなり安い価格で流通している。

安定した入荷が見込めるイナダ（築地ではおおむね1キロ台の魚を指す）は、スーパーなど量販店でもコンスタントな仕入れがみられる。一方、ブリよりもやや小ぶりなワラサは、突然かなり広い海域で漁獲が集中し、多くの漁港で大量に水揚げされた結果、翌日の築地であふれかえってしまうことがある。

北海道を除き、各地で水揚げされた魚は翌日の朝までに築地市場に到着し、取引される。水揚げ情報を聞き付け、スーパーなどは「お買い得品」としてワラサの仕入れを翌日の築地で積極的に行うはずだが、「冬場ならまだしも、春や初夏にワラサでは売り込みにも限界がある」（量販店バイヤー）と敬遠されることが少なくない。

ワラサの場合はこのほか、年中安定的に出回っている養殖ハマチと同じような大きさ、種類であることも敬遠されてしまう要因だ。ワラサは天然物で身質は良さそうに思えるが、人工的に太らせ脂たっぷりの養殖ハマチも広く市場に浸透している。計画生産の強みで、スーパーなどがあらかじめ産地と直接契約していることもあり、ワラサがだぶつく要因にもなっている。

ワラサが急にあちこちでたくさん漁獲され、築地へどっと流れ込んだ時、イナダの入荷が低調であれば、格上のはずのワラサが相対取引でどんどん値を下げ、買い手が付かないことも。結果的に「えっ、イナダよりも安いの」と市場関係者もびっくりするほど株を下げてしまい、「猫またぎ」のように扱われることもある。

「脂もそこそこ乗っていておいしい。しかも安い」と魚のプロから評価されても、突然市場をにぎわす存在では、スーパーなど量販店の取引になじまない。もちろん時には漁獲される海域の違いなどから、「イナダの方がワラサより脂が乗っていておいしい」（築地・卸）とされるケースもあるのだが。

魚河岸の代名詞ともいわれる築地市場。上等な魚が相応の値段でさばかれていくのは当然だが、各地から魚が集まるため、時折、突然急増するワラサのように持て余してしまう魚が出現する。

ただ、そうした「お買い得」の魚を見分け、うまく流通させていくのも築地の役割。消費者からみれば、むしろそうした天然魚の割安感を築地と共有しながら魚を味わいたいと思うはずだ。

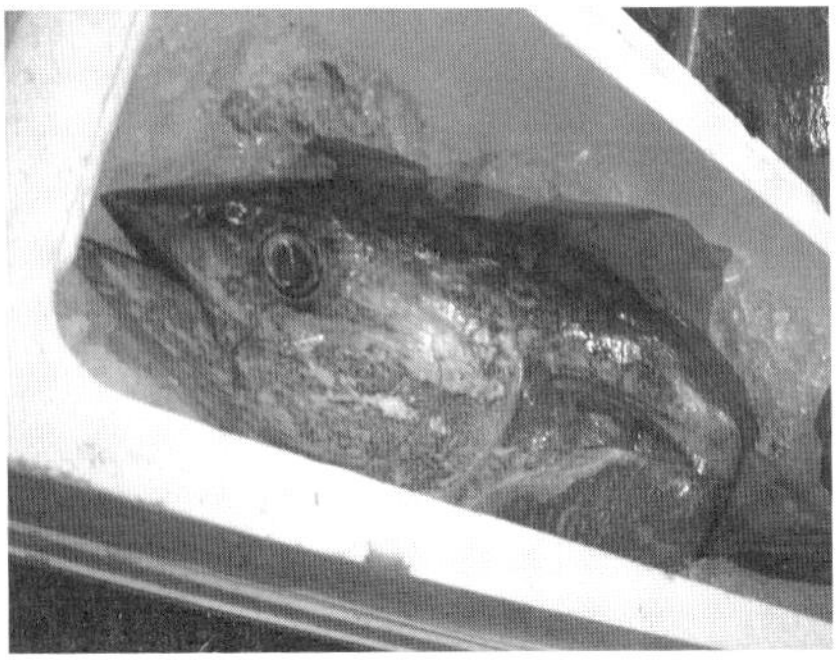
クロマグロの小型魚、メジマグロ

小型本マグロや「松輪サバ」もぞんざいに

築地市場の中で、ワラサのように「もったいない」と思えるほど荷余り感が出る天然魚に、「メジ」と呼ばれる小型のクロマグロがある。ワラサと同じように突然、三陸や千葉、北陸〜九州にかけて多くの漁港で大量に水揚げされ、築地へ送り込まれることがある。しかもこれが数日続けば、市場ではかなり飽きられる存在に変わる。

小型とはいえども、マグロ類の中で最高級に位置するクロマグロだ。小売りの店頭では「本マグロ」として売られることもある。しかし、スーパーのマグロの仕入れは冷凍物が中心。事前に定番の冷凍メバチマグロなどの注文を入れているため、前日水揚げされて急にどっと築地へ送られ、予想以上に安く取引されるようになっても、スーパーのバイヤーなどが即座に大量の魚に対応できないことがあるという。

築地・卸の担当者は、「最近、スーパーのバイヤーも若い世代が増えてきた。複数店舗の仕入れを賄っているが、それぞれの店長はバイヤーよりも年配ということも多く、事前の注文を大幅に超える扱いを店側に伝えきれないことがある」のだとか。

このように築地・卸の最大の客であるスーパーなど量販店は、基本的に4定条件を満たす魚を中心に日々、築地で仕入れを行っている。もちろん、「スーパーなど量販店」といっても、ジャスコや西友、ダイエーなど総合スーパー（GMS）と、魚力や魚耕、北辰水産といった鮮魚専門量販店とでは、仕入れの仕方にも違いがある。しかし、「街の小さな魚屋さん」が消費の主流で築地・仲卸が活発な取引を行っていたころと今とでは、魚の動き方も大きく変化していることは間違いない。

スーパーなどの魚販売は4定が基本となる場合が多く、似たような品ぞろえになることが少なくない。4定条件にかなう魚種と旬の魚という2つのキーワードで考えると、店頭に並ぶ魚は限られてしまうからだ。

庶民の食卓を飾るスーパー向けの定番の魚は、アジやサバ、イワシ、スルメイカなど大衆魚のほか、メバチマグロやサーモン、銀サケ、ホタテ、養殖ハマチ。時期によっては、生のカツオやアキサケ、サンマ、ホタルイカなどが店頭をにぎわす。

一方で、規格外であったりマイナーな種類の魚が仲間外れになっているという現状もある。4定からもれたとはいっても「おいしくない」わけではないから、もったいない話だ。たとえばサバの場合、築地市場では「500グラム以上ないと量販店の買いが入らないから値が付かない」（卸）といわれる。5キロ箱だと10匹入る大きさの魚だ。築地市場の入荷をみても、5キロ箱で特大型の5匹入り、つまり1匹1キロの魚から10入り（1匹500グラム）型までが取引される。それ以下の11、12入り型はほとんど入荷せず、まれに入荷しても大幅に安値となってしまう。

アジのように小型の魚の消費が定着しているのに対し、サバは漁獲後、「産地で小さな魚は食用ではなく、餌向けに出荷した方がむしろ高く売れる」（流通関係者）という。決して食べられないわけではないのだが、スーパーなど量販店からの注文が入りにくい500グラム未満のサバは、卸会社も集荷に消極的なため店頭にお目見えすることもほとんどない。

神奈川県三浦市のブランド魚「松輪サバ」も、こうした500グラムの〝壁〟に悩まされている。みうら漁業協同組合南下浦支所によると、松輪のサバは巻き網などでごっそり取るのではなく、1本釣りで丁寧に漁獲される。漁獲されてすぐに船上で氷がたくさん入ってキンキンに冷やされた魚槽へと送り込まれ鮮度が保たれる。

漁港では魚の大きさなどを選別し、すぐさま築地市場などへ送られるわけだが、「500グラムに満たない小型魚は、がくんと値が落ちるから市場へ出荷しない」という。漁師の間で分けたり、ご当地バーガー用に加工されたりしている。ブランド魚だけに、その価値を保つための策でもあるが、小さくても松輪サバ。安い価格で食べられるなら、出荷してほしいという消費者の声が聞こえてきそうだ。

うまい魚が売れない、食べられない

大きさなどの規格のほか、近似種内の魚種の壁もある。サバではメジャーなマサバのほか、実はマサバ以上に漁獲が多いゴマサバというサバもある。マサバと一緒に漁獲されることが多いゴマサバだが、人気はマサバの方がだんぜん高い。「マサバの方が脂が乗っており、ゴマサバはやや身がぱさぱさしている」(市場関係者)などと言われ、ほめる人も少ない。

三陸から九州まで、広い地域で漁獲されるが、築地市場では常にマサバよりはるかに評価が低い。ただ、「夏場にマサバは脂の乗りが落ちる半面、ゴマサバは比較的脂が乗っている」(同)

といった声も。ただ、これも産地によって違うことや、市場でその日の身質をじっくりと目利きしなければ、逆転現象は確認できない。

スーパーなど量販店が前日に「明日はゴマサバ」と仕入れを切り替えて大量取引に出るまでには至らない。マサバに大きく引き離された「2番手」の存在は、揺るぎそうにない。

刺し身で食べるにはマサバでさえ「足が早い」ことからゴマサバも新鮮な魚に限られる。「ゴマサバ・刺し身用」などといったラベルや札は、スーパーではほとんど見られないが、築地でさばいて生のまま軽くしょう油をまぶして食べると、磯の香りとしっかりとした歯ごたえ、それに程良い脂が口に広がってご飯が進む。こんなうまい魚が4定対象外となって市場から出て行かない。不条理な流通だと痛感してしまう。

「うまい魚が売れない」という事態を招く、いわば「4定の弊害」が散見される築地の流通に疑問を投げ掛け、魚の価値観を改めようという動きが出始めている。

大間のマグロは常に一番じゃない──仲卸・生田氏

「もっと海・魚に人が合わせよう」──。築地のマグロ仲卸「鈴与」の三代目で、国際魚食研究所の所長を務める生田与克氏（47）は、消費者に漁業・魚介類に関する正しい知識を普及させ、魚食に対する考えを再認識してもらおうと、さまざまな分野で活躍している。

生田氏は「魚屋さん並みの知識と技術」を備えたスペシャリストを育てるため魚の検定試験を実施しているほか、鮮魚小売店などのコンサルティング業務、さらに子どもたちへの食育活動なども手掛けている。

消費者のスーパーでの鮮魚購入が増え、築地でも魚種や産地、大きさなどの人気が固定化しつつある中、「人が大自然に感謝し、取れた魚に対しもっと謙虚な姿勢で無駄なく味わっていかなければ」（生田氏）と言う。

築地市場の魚取引に詳しい生田与克氏

テレビや雑誌で見た知識が先行し、「魚を見て触って調理して食べる」という習慣が薄れてきたことに危機感を抱く。「大間のマグロはいつでも日本一」「アジやイカはいつでも安い」。すべての消費者とはいえないかもしれないが、簡単にいえばこうした固定観念が「魚の価値、築地市場の流通を大きく狂わせてきた」と語気を強める。

大間のマグロは冬場が旬。「時期を外せば鹿児島や沖縄など他のマグロが一番うまいこともある」「アジ、イカの新物がほとんどないのなら、ほかの魚はいくらでもある」と生田氏。

魚は自然の恵みであることは言うまでもない。天然魚なら養殖のように安定供給が難しく、水揚げも不安定だ。従って築地にやってくる魚も、日々微妙に違ってくる。それだけに、「とにかく魚を触って状態をみながら、おいしい食べ方を考えるべき」（生田氏）と消費者にも苦言を呈する。

スーパーは消費者の顔色ばかり気にしているから、いまだに4定は健在。「新鮮なアジやイカがなければ『海がしけていたため水揚げがないからありません』でいいのではないか。良いマサバがなければゴマサバを店頭に並べればいい。その時にたくさん取れて安くなった魚を十分に生かす調理で、昔のようにおいしく食べられるようになれば、魚の本来の価値が失われることはない」（生田氏）と話す。

しかし、現実にスーパーの店頭では、パック売りされる魚がたくさん並ぶ。店員が売り場に現れたと思ったら、荷台のパックを並べてすぐに店の裏へ引っ込んでしまう。魚調理に関するアドバイスも聞きようがない。ちょっと一言、「今日のゴマサバは昨日のマサバよりおいしいよ」「このアジは刺し身もいいけど、フライの方が……」。そんな魚屋さんとの何気ないやりとりが少なくなったことが、魚消費の現状に暗い影を落としているといえそうだ。

築地の隠れた名物、週末の「第一ラーメン」＝築地卸の社員食堂

築地市場で働く人たちは新鮮で高級な魚を扱っているものの、仕事の合間に「ちょっとすしでも……」と日々豪華なランチを味わっているわけではない。仲卸業者は仕出し弁当を頼んだり、卸会社の社員はそれぞれ社内の食堂でさっと食事を済ませたりしてしまう。

土曜日、早朝からの仕事を終え昼食にラーメンを食べる第一水産の営業担当者

卸の食堂は、競り人など営業担当者や事務職員のほか、取引関係者などが利用。朝食と昼食が用意されるが、ここでちょっとした名物がある。それは第一水産で土曜の昼食、決まって出されるラーメンだ。市場は土曜日も取引が行われるため、週末最後のメニューとなる。

深夜から卸売りに従事する競り人などの疲れがピークに達する土曜日の正午前。卸売り場2階にある同社の食堂付近は、食欲をそそるラーメンの

スープの香りが立ち込める。魚介中心のだしを思いきや、コンブとトビウオのほかは鶏ガラや豚骨、豚のひき肉、多くの野菜などがじっくりと煮込まれている。

種類は塩、しょう油、みそ、たんたん麺の4種を週替わりで作る。厨房に立つのは、かつて東京や埼玉のホテルで中華料理を学んだという森義行さん（62）。おなかをすかせて食堂を訪れる社内外の人たちに、およそ100食を作る。「食堂のラーメンを食べなきゃ1週間が終わらない」――。週末、競り人などの疲れを癒す隠れた名物ラーメンは、なかなかの味わいだ。

野良猫に去勢・不妊手術＝ふん尿など衛生面で配慮―築地市場団体

およそ2000トンの水産物と4万人以上の利用者で活気付く東京・築地市場には、どこからともなくやってきてすみついている動物もいる。人気アニメの歌詞のように「お魚くわえた……」というわけではないが、餌が豊富なためか、かつては猫が多く見られた。取引される魚を食い散らかしたり、流通する魚に関する衛生上の問題が発生したりという報告はないが、生鮮品を使う市場だけに関係者も気にせずにはいられない。施設内には「餌をやらないでください」といった張り紙もある。ふん尿処理などの対応も必要だが、ここ数年、関係組織が猫の数を増やさないよう働きかけたことが奏功し、今はあまり目立たなくなった。

数を増やさない猫対策とは、去勢・不妊手術。まず、東京都から協力依頼を受けた市場の組織・東京都中央卸売市場環境整備協会（市原博会長）が獣医へ依頼し、06年に50匹、07年には青果団体の協力を得て56匹（うち青果11匹）の猫に去勢・不妊手術を行った。当時、「猫が市場外から持ち込まれるなどして、次第に増える傾向にあり、尿や猫の抜けた毛が放置されたことで、市場の衛生上問題視されていた」と同協会。

さらに、東京・築地市場（中央区）の関係団体などで組織する築地市場協会（伊藤裕康会長）は、08年4月から09年6月までの1年3カ月間に計70匹の猫に去勢・不妊手術を獣医へ依頼して行っている。

同協会の衛生委員会では数年前、市場内で増える傾向があった猫のふん尿が目立っていたことで対応が求められた。施術した猫の一部はボランティア団体を通じて引き取ってもらい、引き取り手がない場合は、市場内の元の場所に放したという。獣医師による施術など関係する費用は、1匹当たり2万円ほど。東京都や他団体からも経費の支援を受けて実施した。

そのかいあって「今は随分と市場内にいる猫の数は減って、ふん尿の苦情なども少なくなった」と同協会。今後も発見次第、去勢か不妊手術を行う予定という。

市場内の野良猫については、魚の卸、仲卸売り場での被害はないものの、施設周辺にすみつき、「一部市場関係者が餌をやっていたこともあって、ふん尿が目立つようになっていた」（同協会）という。

市場にすっかり居ついてしまった猫

同協会では猫のほか、ネズミ対策を数十年にわたって行っている。動物愛護の観点から「数を増やさない」という処置を取る猫とは異なり、ネズミは「じわりと死に至る餌によって駆除している」というが、猫ほど効果は出ていないとか。

第Ⅱ部

築地市場・最新事情

～魚河岸に吹く新風

プロローグ

「築地が移転するかどうかだって？　そりゃ政治家に聞いてくれ。なるようになるさ」――。築地が1年で最も活気付く師走に突入した２００９年の12月上旬、仲卸業者が魚を卸している得意先の鮮魚店の主人に向かってこう話した。

開場から70年以上経過し、手狭で古びた施設を建て替えなければ、今後、築地市場が水産物流通の「要」としての役割を果たしきれないことは、市場関係者の多くが認識している。広い敷地に千客万来型の市場を建設し、物流の効率化を図りながら取り扱いを拡大する……そんな夢に乗っからなければ、どの業者だって将来を描けない。カニやタコ、イクラ、マグロといったいわゆる年末用商材の取引をチェックしながら、その仲卸は、「サバとブリはいいのかい？今日は安いよ。明日はあるか分からないし、持って行かないか」と得意先に売り込む。

魚を調達に来た鮮魚店の店主は、あごに手をやりながら少し不安げに、「こっちはこれくらいか」と、三陸の「寒サバ」を見ながらもう片方の手でヤリを出し、希望の買い値を示す。「そこまではないよ」と間髪入れずに仲卸。さらに、「６マル（キロ６００円）まで。××さんだけだよ。ここだけ話、この値段は」と応戦する。

「ばかやろう。この大泥棒は、言うことが意地きたねぇからやだよ」と、笑みを浮かべながら鮮魚店の店主は「仕方ねぇ、付き合いだ」とばかりに「5ケース積んどけ」と仲卸に告げてお買い上げ。「貸しとくぞ」とはき捨て、毎回そんなわけにはいかないと印象づけて仲卸店を去った。築地市場にはここ数年、不景気風が吹き荒れ、多くの仲卸が赤字経営を余儀なくされているばかりか、産地から荷を引く卸も利益の確保がままならない状況が続く。そんな中、新天地を求めて豊洲への移転が決まったものの、「想像以上だった」（東京都幹部）という同地区の土壌汚染により、先行き不透明に。

「大きな声ではいえないけど、正直どっちでもいいんだよ、俺たちは」。一般客が目立ち始めた仲卸店の店先で、その業者は言う。さらにこう続けた。「今日、明日の商売がどうなるか。俺たちはそれだけ。5年10年先を見据えられるほど今の商売甘くないんだよ」――。

キーワード

●「ばかやろう」

「テメェ」「このやろう」、「うるせぇ」「あとにしろ」「あっち行け」などと同様、短気でシャイな市場業者の間では、よく聞かれる言葉。決して新顔に向けて発せられることはなく、市場になじんだころ、あいさつ代わりに使われる。親しみを込めた表現なので、こう言われ始めたら築地市場で1人前なのかもしれない。「おはよう」「ちょっと待って」という意味か。

第1章　揺れ動く市場移転問題

「毒の上に市場を造るな！」（築地市場の移転反対派）――。1935年の開場から75年が経過した築地市場は、施設の老朽化や手狭なスペースといった理由から、この先、江東区・豊洲地区へ移転することが正式決定している。ただ、同地区の深刻な土壌汚染に加え、築地市場の移転計画に反対する民主党が09年夏の東京都議選で第一党に躍り出たほか、衆院選で政権を握ったことで雲行きが怪しくなっている。「もう豊洲で市場を造るのは無理ではないか」という見方をする市場関係者は少なくない。一方、築地市場での施設建て替えについても石原慎太郎都知事が「極めて難しい」などと否定的なった見方を示しており、どこへ行ったらいいのやら、先行き不透明な状況だ。

土壌汚染問題、築地業者の多くは静観

築地市場の移転候補地、豊洲地区の土壌からは、これまでに最高で環境基準の4万3000

倍のベンゼンや930倍のシアン化合物が検出されたほか、地下水からは最高で基準の1万倍とされるベンゼンと130倍のシアン化合物が確認されている。

さらに2009年1月、同地区から公表値の115倍に相当する高濃度の発がん性物質、ベンゾ(a)ピレンが検出されていたことが明らかになった。検出されたのは2008年の夏以前だが、都は豊洲地区の汚染対策を検討する専門家会議にこの結果を報告しておらず、情報開示のあり方について疑問視する声が高まった。特に築地市場で営業する関係業者からは、都を非難する声が多かった。

築地市場の移転に反対する仲卸らでつくる特定非営利活動法人(NPO法人)「市場を考える会」の山崎治雄代表は、「都はまったく信用できない。今後もさまざまな問題が生じてくるだろう」と強く反発。不信感を募らせている。

山崎代表らが問題視しているのは、都が移転予定地の土壌汚染データに関する情報を十分開示していないということに加え、「(豊洲の土壌からは)規制対象の汚染物質26種類のうち7種類だけしか調査しておらず、ずさん極まりない。あげくに結果を隠ぺいする」と訴える。

山崎代表や消費者らは09年8月中旬、都が廃棄しようとしている同地区のボーリング調査で得た土壌サンプルについて、「十分な科学的分析をせずに廃棄するのは不当」として、都に廃棄差し止めを求める訴えを東京地裁に起こしている。

その上で山崎代表は、「なぜ安心・安全でない場所に、将来の生活・商売の場を築かなければならないのか。市場移転後、もし仮に汚染物質が出て魚が売れなくなれば、市場で生きる人すべてが不幸になるではないか」と憤りを隠さない。

都は今のところ、豊洲地区で検出された高濃度の有害物質について、586億円を投じて処理した上で、新市場の建設に着手することにしており、2014年12月には40ヘクタールという現在の築地市場の2倍近い敷地に「千客万来施設」をうたった新市場が開場する予定となっている。

豊洲地区の土壌汚染問題により、市場移転の是非を巡る議論は盛んに行われてきたものの、実際に市場で働く関係業者の多くは冷静な対応だ。なぜなら築地市場の水産や青果の卸、買出人など多くの団体が豊洲移転に賛成し、現在地での再整備に限界を感じているからだ。

かつては業界一致で移転の調査・検討を要望

築地市場は、2001年「豊洲移転」が正式決定された。移転するのは「モータリゼーション（自動車交通の一般化）や情報技術の進展に伴う物流形態の変化など、市場を取り巻く環境が大きく変化する中で、施設の老朽化や場内の狭あい化が進み、都民の期待や時代の要請に十分応えられない状況になってきた」（東京都）ことによる。

込み合った市場は、円滑な魚流通にも支障を来たしているほか、事故も絶えない。都によると、２００８年は物損が２４２件、人身が１６４件の合計４０６件の事故が報告されている。

これまで豊洲地区への移転が決定したものの、都は１９８６年にいったん築地での施設建て替え、つまり「現在地整備」を決め、88年には生鮮食品売り場の立体構造や、高層の市場会館建設などを盛り込んだ基本計画を策定した。91年には仮設工事に着手したが、財政事情の悪化で96年に工事をいったん中止せざるを得ず、規模を大幅に縮小して計画を変更することになってしまった。

築地市場付近をデモ行進する移転反対派（09年6月27日）

計画見直しへ向け、業界団体と都は協議を重ねてきたが、その間に築地での再整備に対し、さまざまな障害が顕在化。「ここでは再整備できない」という見方が支配的となった。具体的要因は、１工期が20年以上と長期化する２市場周辺も含めた交通混雑や駐車場不足など営業活動に深刻な影響を及ぼす３スペース不足で流通変化に対応した新たな施設などの組み入れが困難――など。
手詰まり感が広がった１９９８年４月、同市場水産、青果など業界全6団体が「（築地ではなく）臨海部への移転の可能性について調査・検討してほしい」とする要望書を都に提出、移転へと傾いた経緯がある。

この後、都と業界関係者で現在地再整備と移転した場合との比較検討が行われ、「21世紀の生鮮食料品流通の中核を担う拠点として流通環境の変化に対応できるよう、高度な品質管理や効率的な物流システムを取り入れた新たな市場を整備する必要がある」（都）と判断。2001年12月に「都卸売市場整備計画（第7次）」で豊洲地区への移転を明記し、現在地再整備からの方向修正が図られることになったわけだ。

今も移転で賛否両論―仲卸団体

業界一致の「移転検討」への要望書が出されたことをきっかけに「豊洲移転」が実現されたとはいえ、当時、築地の仲卸団体・東京魚市場卸協同組合（東卸、伊藤宏之理事長）の総意は「現在地再整備」。「築地で商売したい」と考えている仲卸業者が、移転を望む事業者より多いということだ。

東卸によると、98年12月に組合員900人に対し行った意向調査で、市場移転に「反対」しを現在地再整備を求めたのが58％で移転賛成の42％を上回った。この結果が総代会で過半数を超えて支持され、東卸の機関決定になっている。それ以降、「移転か現在地か」を問う組合内の投票などは実施されておらず、今も「移転反対」というのが東卸の総意とされる根拠になっている。

東卸の機関決定が築地での再整備であるものの、かつて業界一致の要望もあって都が豊洲移転を決め、新市場造りに向けた協議を業界団体とともに始めたことで、「(われわれ東卸としても)話し合いの場に出て考えを主張すべき」との考えから、これまで伊藤理事長は他の団体同様に、市場移転を前提にした会合に出席。土壌汚染問題などについても厳しい目で意見を述べてきた。

2008年12月に行われた都と業界代表らでつくる新市場建設協議会の場でも、豊洲地区の土壌汚染に関連して都が現状などを説明した中で、専門的な見解を確認する内容の質問を行っている。

築地市場の豊洲移転が既定路線とはいえ、現在地再整備を機関決定している東卸には、「市場を考える会」の山崎治雄代表はじめ、移転に反対する声が依然根強い。それを裏付けたのが2009年2月5日に実施された東卸の理事長選挙だ。

同日開催された東卸の理事会では、現職・伊藤理事長の任期満了に伴う次期理事長選任へ向けた投票が行われた。理事長に立候補した移転容認派の伊藤・現理事長と、移転反対派の山崎

築地仲卸の理事長選挙に立候補した山崎氏（左）と伊藤氏（右）

治雄氏の一騎打ちとなった。2人は過去にも理事長の座をめぐって戦っており、僅差（きんさ）で伊藤氏に軍配が上がっている。

立候補した2人を含めて30人の理事の互選による無記名投票が行われ、結果は15対15のドロー。「少々時間を置き、仕切り直しの投票を再度行ったが結果は変わらず、日を改めて理事会を開催することになった」と東卸の広報担当。

その後、理事会・投票をさらに2回実施したが決まらず、2月20日の継続理事会で5度目の投票を行った結果、ようやく伊藤氏が16票を獲得して勝負あり。両者の得票差がどのようにして生まれたか明らかではないが、東卸が移転問題で二分したまま「容認派」の伊藤氏が何とか5期目の理事長職に就けることになったのだ。

悪化している東卸の財政改善を優先したいとする伊藤氏と、移転反対を大きく掲げる山崎氏との溝は深く、今後も「組合内で過半数を大きく超える」（東卸関係者）ともいわれる「築地再整備派」の動きが気になるところだ。既定路線の豊洲移転まで5年間。市場最大の組織・東卸の「ねじれ現象」ともいわれる状況が打開できるかどうかは、伊藤理事長の手腕にかかっている。

「豊洲地区への移転は食の安全を脅かす」「移転前提のありきの議論を見直し、世界に誇れる築地で再整備を」――。「市場を考える会」は2009年6月下旬、都議選を前に改めて築地市場の豊洲移転を阻止しようと関係者1000人以上が都内をデモ行進した。

気温が30度を超える厳しい暑さとなった正午過ぎ、参加者らは築地市場正門から出発。移転反対を主張する都議選立候補予定者らも応援に駆け付け、「石原都知事は築地を見捨てるのか」などと叫びながら、築地での再整備を訴えた。

移転に立ちはだかる民主の壁

この後、7月中旬に行われた都議選では、自民党が惨敗して公明党と合わせても過半数（64議席）を満たせなくなった。一方、民主党は前回の議席を大幅に上回って、初の第1党に躍進したため、「豊洲移転」が白紙撤回される可能性も出てきた。

移転の大前提となる土壌汚染の処理費用586億円などの予算計上が困難になるとの見方が強まってきたためだ。

さらに、8月の衆院選で政権交代を果たした鳩山新政権で農水相に就任した赤松広隆氏は9

築地市場を視察し、移転問題で記者の質問に答える赤松広隆農水相

月24日の早朝、築地市場を訪れ、「今の時点で（豊洲移転に）サインできない」として、土壌処理などに関し都に万全を期すよう求める姿勢を強調した。

視察に当たって赤松農水相は「白紙の状況で（築地市場を）見てみたかった」と話しており、今後も「市場関係者の意見を公平に聞きながら最終的に（移転の是非などについて）判断したい」と慎重な姿勢を示した。

赤松農水相は、築地視察前の9月17日の会見で、築地市場の豊洲移転について「納得できなければ絶対に認めない」と慎重な見方を示し、同市場で大半を占める移転推進派の各団体は不安視していたが、同日の視察では業界代表らとの協議の場はなかった。

築地市場の移転計画については、開設者である都が業界団体などと協議の上で決定するものの、新たな市場の開場には国の卸売市場法上、農水大臣に認可申請しなければならない。都によると、１９８９年に神田市場が大田市場へ移転した際も、新市場の開場数カ月前に認可申請を行っており、国の判断を待たなければ移転できないのだ。

豊洲移転に対する反対派の動きが目立つ中、しばらく沈黙を守っていた築地市場の水産卸など、「移転推進派」が行動に出た。２００９年11月17日、「新市場建設推進協議会」（会長・伊藤裕康中央魚類社長）は、石原都知事や都議会各会派の代表に豊洲地区への早期移転を求める要望書を提出した。

同地区の土壌汚染問題に加え、移転に反対する民主党が都議会で第1党になるなど、都の既定方針である「豊洲移転」が脅かされている事態を憂慮。現在地再整備は過去の議論で挫折した経緯があり、老朽化した築地から豊洲への移転について「一刻の猶予もない」（伊藤会長）と強調した。

3年ほど表面化した動きがなかった同協議会は今後、「市場関係業者6団体中、水産仲卸の半分を除く5・5団体が豊洲移転を望んでおり、その実現に向けて各方面に理解と協力を求めていく」（卸幹部）としている。

課題山積の市場移転問題。今後、築地での再整備や、他の地域への移転案なども浮上してくる可能性もありそうだ。

「遠い」「使いにくい」「汚染されている」――。同市場移転反対派の仲卸業者は、豊洲新市場計画に真っ向から反発。現在地再整備を求めている。市場関係業界全体からみれば、一部の動きだが、成り行きによってはあり得ないことではない。「築地の価値をもう一度高めたい。このまま死ぬわけにはいかない」。景気の低迷で陰りが見え始めた築地ブランド復活へ向けたベテラン仲卸の願いがかなうのか。もしくは都と大半を占める業者団体の悲願が実り、晴れて豊洲へと移転できるのか。しばらく不透明な状況が続きそうだ。

第2章　大人気、マグロ競り見学

鮮魚の大半が相対取引によってさばかれるようになったとはいえ、マグロの競りは健在だ。生マグロの卸売り場には、１００キロを超える大型クロマグロやミナミマグロのほか、メバチマグロ、キハダマグロが、まるで砂浜に打ち上げられたクジラのように横たわる。冷凍マグロの卸売り場は、ひと味違った世界。マイナス60度といわれる船上凍結により、トロや中トロ、赤身の刺し身を想像できないほど、真っ白で紡錘形の巨大な塊が整然と並べられている。

マグロの卸売り場へ現れた仲卸は、U字型の鋭利な金具に柄が付いた「手かぎ」や懐中電灯を使って、マグロのえらや腹の中、切り取られた尾の断面をのぞき込んだり、肉片を指でこするなどして脂の乗り具合や色変わりを見る。

仲卸業者の品定めが終わらないうちに、午前5時半になると場内に「カランカラン」と響きわたる鐘の音を合図に生マグロの競りがスタート。卸の競り人がテンポ良く価値が高そうな順に付けられた番号通りにマグロを競っていく。冷凍マグロ競りは6時からのスタートだ。

仲卸は、競り人の少々つぶれた声を聞き分けながら、目当てのマグロにふさわしいと思う値を「手ヤリ」で示し、ほしいマグロをゲットしていく。競り落とされたマグロは荷台に乗せられ、一目散に仲卸店に運ばれる。

キーワード

●手かぎ（手鉤）

木製の棒状の柄の先に金属製の鋭いつめがついた道具。水産市場、特にマグロ卸売り場で取引する業者などの必需品で、つめの先に重いマグロや魚箱の一部を引っ掛けながら数人で運んだり、マグロ品定めする際、手の代わりに使って腹の中を見たり、尾の肉の身質を確認したりする。混雑した市場内で持ち歩く際、業者は危険を避けるため手かぎをズボンのベルトに差し、腰の後ろに固定したりして、他の人に刺さらないよう注意している。（写真は腰に固定された「手かぎ」）

外国人が押し寄せる注目の観光スポット

今や「TSUKIJI」は世界中から注目される人気の観光スポット。中でもマグロの競り見学に対する関心は非常に高い。浅草・浅草寺や東京ディズニーランドをしのぐほど人気が高まっており、日本の見どころの1つとして紹介されたマグロの競りや、すし店が外国人を一層ひきつけるようになってきた。もちろん日本人だって興味深く競り風景やマグロを見にやって来る。

市場関係者によると、築地のマグロ卸売り場に多くの外国人見学者が訪れるようになったのは2003年ごろから。クロマグロをはじめ、世界の海でマグロ資源の枯渇が心配され、漁業規制が強化されてきたのと同時に、築地のマグロ売り場にも見学者が増えだした。

「マグロがどんどん減っているのに、日本の市場にはこんなにたくさんのマグロが集まってくるのか」。「資源が心配されているマグロを世界中からこんなにたくさん買い付け、食べるとは野蛮だ」――。

外国人らでマグロ見学エリアはいっぱい

外国人の中には、こんな思いを抱く人がいるが、見学者の多くは日本の食文化にも理解を示し、競り場で大きく目を見開いて楽しんでいる。競りの様子を見終わるとマグロをはじめとしたすしなどを食べて帰るケースも多い。

築地市場はそもそも入場規制が敷かれていないため、誰でも入ることができる。たくさんの人が出入りするだけに、「入場の際、1人ずつ目的を尋ねるわけにはいかない」と東京都の水産農産品課。仲卸店のほか、市場内には一般客を対象にした飲食店もあるため、関係業者以外の入場を拒むというわけにはいかないのだ。

市場内で飲食店などが密集するエリアは「関連事業者営業所」といい、すし店のほか洋食店、牛丼店、コーヒーショップといった飲食店などが立ち並ぶ。このほか、市場関係業者らが必要とする包丁や長靴、書籍類などを販売する店などもあり、早朝から利用者でごった返している。

このエリアは2000年ごろから「魚がし横丁」という名称で広くPRされ、テレビのグルメ番組や雑誌など、多くのメディアが取り上げているため、知名度はうなぎ上り。週末ともなれば、有名すし店の前には長蛇の列ができ、なかなかすしにありつけないことも多い。「魚がし横丁」をきっかけにマグロの競り見学を知り、卸売り場に足を向ける外国人も少なくないという。

日本では若者を中心とした「魚離れ」が指摘されるが、国内外からありとあらゆる魚介類が集まる築地市場では当然、魚好きが多く「魚がし横丁」だけでなく「卸、仲卸売り場を見て回りたいという声は多い」（市場関係者）。こうした一般の要望に応えるため、市場で働く関係業者などが各エリアの状況などを知らせることで、マグロの競り見学が広く知られるようになったとみる向きもある。

市場内で一般の人の立ち入りが可能なのは、「魚がし横丁」のほか、水産・青果の仲卸売り場など。卸売り場については、原則立ち入り禁止区域となっており、07年春までマグロを筆頭に、競りが行われる卸売り場に許可なく入ることができなかった。

ところが当時は、マグロの卸売り場に入場する際、特にチェックされることがなかったため、競りの最中に見学者らがマグロの列に分け入って記念撮影したり、運搬を妨害したりするなど、関係業者の業務に悪影響を及ぼす行為が横行した。

キーワード

●マグロ

築地市場で「マグロ」といえば、本マグロ（クロマグロ）を指すが、クロマグロのほか、インドマグロ（ミナミマグロ）、メバチマグロ、キハダマグロ、ビンナガマグロのほか、メカジキやマカジキなどのカジキマグロも築地市場で取引される。

また、それぞれ大きさによって名称が異なることも特徴で、例えばクロマグロは小型魚が「メジ」などと呼ばれるほか、小型のメバチマグロを「ダルマ」、キハダマグロの小さいのは「キメジ」として流通させているが、産地から消費地市場まで共通した重量などによる区別はない。

【見分け方や特徴など】
▽クロマグロ　一番大きくなるマグロ。500キロを超える魚もある。魚体の割に目が小さく、腹に斑点（はんてん）がある。
▽ミナミマグロ　クロマグロに似ていて目が小さい。見た目ではクロマグロにある斑点がなく、腹が白っぽい。
▽メバチマグロ　ずんぐりと太っていて、その名の通り目が大きくぱっちりとしている。マグロ類の中で流通量が最も多い普及品。
▽キハダマグロ　背ビレと尻ビレが黄色っぽい。淡泊な身で名古屋や関西方面で特に人気がある。
▽ビンナガマグロ　最も小型で長い胸ビレを持つ。赤身が少なく、身が軟らかい。「ビンチョウ」「トンボ」とも呼ばれる。

フラッシュ、転倒、大迷惑！

マグロに限らず卸売り場では、入荷が多い日には魚介類が置き場もないほどぎっしりと並び、品定めをする仲買人などがやっと入れるほどの狭いスペースで、真剣に魚の価値を評価し、競りなどの取引に臨む。競り落とした魚は一目散に店舗へと運び出されるため、売り場は見学者の立ち入りを禁じた「関係者のみ」の利用が原則だ。

ところが、こうした殺伐とした市場の雰囲気が「非日常」である観光客らにとって、市場の原則など「どこ吹く風」。珍しいもの見たさという強い欲求を抑えるチェック機能も市場は備えていなかったのだ。

見学者が仮にマグロ卸売り場まで足を踏み入れても、監視が不十分なために阻止できず、他の見学者の立ち入りを誘発してしまうケースもあった。そこで都と関係業者らが話し合い、2007年4月に冷凍マグロ卸売り場の一角に、70人程度が入れるスペースを確保し、見学エリアとして開放してきた。

ただ、前述のように特に監視員などいないため、マナー違反は横行。「マグロに直接触ったり、競り取引を妨げるフラッシュ撮影、滑りやすい床で転倒したりと業務に支障を来す行為が頻繁に発生した」と仲卸業者はいう。

また、マグロ卸売り場の荷役作業員は、「競りが終わって2人で手かぎを使い、マグロを力いっぱい持ち上げ、荷台に乗せようとしたら外国人見学者がすぐ近くに接近。「マグロを下ろした後、手かぎが勢い余って見学者に刺さるところだった。下は滑りやすいため、よけようとして転んでしまったら大変だし、本当に危なかった」と話す。

もちろん、「マナーを守って見学する外国人らの方が圧倒的に多い」（卸会社）ものの、相次ぐ迷惑行為によって08年12月中旬、マグロ卸売り場見学は年末年始の繁忙期に当たる09年1月17日まで中止されることになってしまった。

このころ、築地でマグロ取引に従事する関係業者の多くがいらだちを隠せず、「誰も見張りがいないんだから、ルールなんか守られるわけがない」「荷台に乗せたマグロに触って、通路に白い巨大な塊が転がり落ちたこともある。危なくて仕方がない」（マグロ専門の仲卸）と外国人見学者らのマナーの悪さにまゆをひそめながら訴えていた。

業者は難色、都は「貴重な観光資源」と歓迎

見学中止期間が終わりに近づいた2009年1月半ば、都と関係業者はその後の対応につい

て協議。つまり、見学中止期間を終えた18日から「本当に再開するかどうか」を決める話し合いだ。関係業者からは、「以前のようなエリア規制だけでは業務に支障を来す」と見学再開に難色を示す声が多かった。

ところがオリンピック招致を目指していた都は、「築地は貴重な観光資源」として外国人見学者の受け入れに積極的。業界側の反発を事前に抑えるため、対応策として警備員数人の配置に加え、混雑する市場内通路の一部立ち入り禁止など、監視・規制強化案を示したことで業者側の理解を得た。

さらに、「問題が発生すれば再度見学を中止する可能性もあるほか、今後は見学者の人数規制なども視野に入れて検討する必要がある」（森本博行築地市場長）などと慎重な姿勢を強調しつつ、週明けの1月19日から見学を再開することにしたのだ。

およそ1カ月ぶりに開放された見学エリアには、日本人も含め約70人が築地市場のマグロ卸売り場へ足を運び、すし詰め状態となった。早朝5時から6時15分まで開放された冷凍マグロの卸売り場には、市場を管理する都の担当者や警備員が見学者の監視に当たった。

「見学者が多い場合は立ち入りを制限する場合もあります。見学は区域の中で5時から6時15分まで。フラッシュ撮影は禁止です」――。日本語のほか英語、中国語、韓国語、ロシア語で注意事項が書かれたチラシを配り、ルールの順守を呼び掛ける都の職員や警備員。

国内外の見学者のほか報道陣も多く駆けつけ、関係業者が通路を通れなくなる場面もあったが、取引はおおむね順調に行われた。マナー順守の要請が通じてか、観光客らはやや神妙な様子で見学していた。

見学中止や再開が多くのメディアで紹介されたことで、内外に一層知れ渡った築地市場のマグロの競り取引。市場が移転するまでの5年間、増え続ける外国人見学者の受け入れは、今のところ2人の警備員らの監視・誘導によって行われている。都は今後も、「年末年始の繁忙期や市場内施設の工事期間には再び見学を中止する」考えで、来訪者のモラル向上にも期待しながら「世界の築地」を広くアピールしていく方針だ。

400人が殺到、「けがしないで」

2009年8月、夏休みシーズンで連日のように見学者が大挙して押し寄せた。「じゃま、じゃま。下がって!」――。魚の荷役作業を行ういわゆる「小揚げ」作業員らは険しい表情だが半分あきれ顔で、外国人らに注意する。市場では邪魔者とはいえ、市場に不慣れな海外からの観光客という遠慮からか、関係業者も大声で追い払うことはない。

市場内では、卸売り場を経て魚が仲卸店へ運ばれた後、小売店などへ向けて配送するため、あらゆる通路でターレなどが行き交っており、あちこちで大渋滞。一般道とは違った「無法地帯」と化すため、関係者でさえ事故が絶えないのが現状だ。不慣れな外国人見学者の事故を心配する向きも多く、通路への立ち入りを一部で規制すべきとの指摘もある。

「200〜300人。多い日には400人近く来ています」。東京都から2人監視員の配備を依頼されている警備会社、テイケイフォースの白木真光・築地市場派遣隊長は09年8月中旬、増え続ける見学者に不安を隠せなかった。常時、2人の担当者によって監視に当たっているが、ルールを守らせるのは至難の業だ。

「われわれもボランティアではないので、何とか2人で違反がないようマークしているが、見学エリアを出ると立ち入り禁止となっている他の冷凍マグロ売り場へ近づき、業者の邪魔をする。中には赤ちゃんを抱えて入場したり、サンダル履きでマグロに見とれ、行き交うターレとあわや接触といった危ない場面がみられたりする」（監視員）と、市場関係者も冷や冷やものの毎日だ。

見学エリアは、時折フラッシュが光る程度で比較的マナーは守られているという印象だ。ただ、雑然とした市場内に入って見学エリアまで行くのは簡単ではない。イベント会場のように分かりやすい表示がないため、あちこち迷い込んでしまう。

係員などはほとんどいないため、関係業者に尋ねるか、事前に用意した案内図を頼りにマグロの卸売り場に向かうことになる。案内表示は見学エリアから出てもはっきりと次の場所を目指せるようにはなっておらず、立ち入り禁止のはずの別の魚の卸売り場などに足を向けてしまうケースも多く、危険は高まるばかりだ。

師走が迫ってきた2009年11月下旬、都は前年に続いて年末年始の期間（12月10日〜1月23日）、マグロの競り見学を中止すると発表。繁忙期の混乱は避けられた。

案内充実、有料制の案も——業界幹部

こうした中、「東京、いや日本で一番人気がある観光スポット・築地をもっと生かすべきだ」。あふれる外国人の来場者を見ながら、築地卸の幹部はこう話す。

1日数百人の外国人が訪れるのに、今の対応ではもったいない。案内がうまくいかず、見学者は業者から邪魔者扱いされている。安心して歩ける所もないから、むしろ危険な状態。見に来れば、マグロやすしを食べ、グッズを買いたいと思うわけだから、もう少し大事に扱った方がいい。受け入れ態勢を整備し、どこかに外国ら見学者がゆっくり食事できる場所でも設けたらいいのではないか。案内をもう少し増やし、見学そのものも例えば1人1000円取ったっていい。警備の費用などに充てられるのではないか。

市場を見学し「魚がし横丁」へすしを食べに来たスコットランド人ら

見学者を増やすような取り組みは、都も業者の反発を嫌がって乗り気にならないかもしれないが、築地を観光資源ととらえているのなら、外国人と関係業者の双方にとってプラスになる受け入れ策が見いだせると思うのだが。

築地市場のマグロの競り風景は、世界に冠たる「フィッシュ・マーケット」の目玉として、今後も都は現状のまま一般の見学を受け入れる考えだ。しかし、このままわずかな警備員による監視では、大きな事故が起きる可能性もある。その前にもう一度、関係業者と話し合い、見学者のマナー向上と安全が確保できるような対策を取らなければいけない。

第3章　築地ブランドを守れ！

外国産を有名な国内産と偽って販売するなど、食品の産地偽装事件が相次ぐ中、築地市場で東京都や卸会社の担当者が、監視の目を光らせるようになってきた。魚のプロが集まる築地でも近年、こうした「まがい物」が散見され、「築地の魚」に対する信頼度を低下させる事態に。「大間まぐろ」などブランド魚の偽物がないか注意したり、暴力団の資金源にもなっているとされる密漁アワビの流通を食い止めるため、関係業者に注意を促し「だめなものはだめ」と、潔く取り扱いを拒否するなどの対策に出ている。

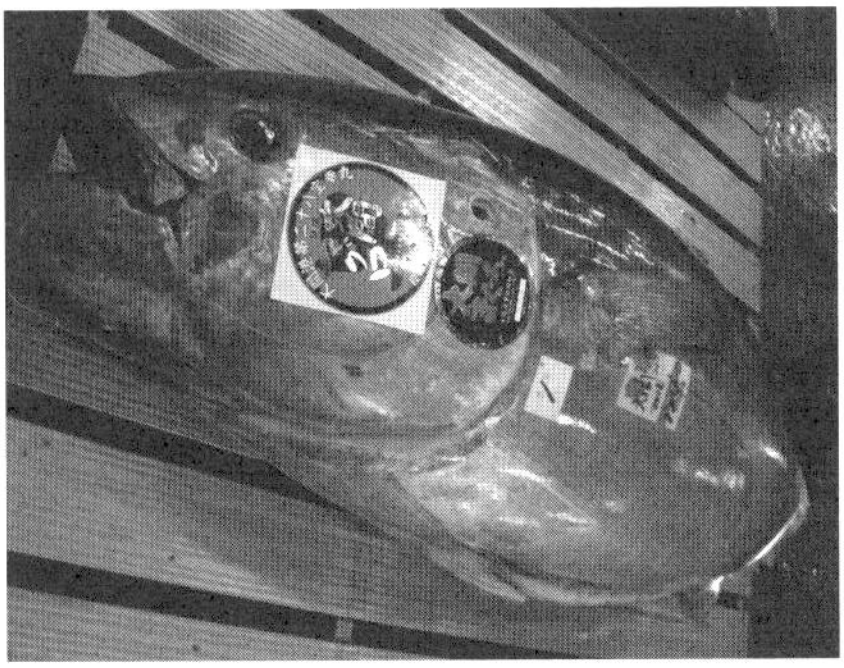

高級魚として知られる青森県大間産のクロマグロ

「大間まぐろ」などブランド魚をチェック

高級マグロの代名詞「大間まぐろ」をはじめ、ブランド魚に関する監視は日常的に行われるようになっている。青森県の大間町では、「かつて他の地区で水揚げされたマグロが、大間産として売られていたケースがあった」（産地関係者）など、ブランド名を悪用して高値で魚を流す例もみられたという。

産地の偽装表示を防ぐため、築地では都の担当者が卸、仲卸の売り場で魚をチェックしており、「巡回中、大間のマグロなら最近は（漁協などが作った）数種類のラベルが張られているため、どの卸会社がどのようなラベルを付けているかといった点などを確認している」と都水産農産品課。同課の担当者は「関係業者には十分注意を促し、産地ブランドと市場の信用を守るため働きかけている」と話す。産地偽装の魚、それも有名な地域の特産魚がやすやすと市場を通っては、市場の評価機能を疑われる重大な信用問題になりかねないからだ。

都によると、「大間まぐろ」でなくても「例えば数年前、築地市場では本州産のサバに大分

キーワード

●ブランド魚

青森県大間のマグロのように、全国に広く知られる水産物の地域ブランドは多い。大半は商標登録されており、偽物防止にも一役買っている。2006年4月に施行された改正商標法で、地域ブランドの基準が緩和され、これまで神奈川県の「松輪サバ」や大分県の「関さば」、静岡県の「焼津鰹節」など、さまざまな地域の特産品が登録され、人気となっている。

県の名産『関さば』の表示が行われていたことがあり、関係業者には十分注意を促し、産地のブランドや市場の信用を失わせないよう働きかけている」（都水産農産品課）と話す。

さらに近年は、同市場でも産地偽装のウナギが取引されていたことが発覚。このほか、中国産をはじめとした外国産を国産と偽って魚を流通させていたという例は、数多く指摘されてきた。築地卸が主体的に偽装していないとしても、偽装表示された魚が世界最大規模を誇る魚市場・築地を通れば、違法行為にお墨付きを与えることになりかねない。

ブランド魚の先駆けとなった大分県名産「関さば」

プロの目はごまかせない

こうした現状に危機感を抱く市場関係者も少なくないことから、「売り上げだけを追求すれば、魚河岸・築地の信頼は失われる」との思いが広がり、最近卸会社は協力して「偽物排除へ向けて働きかけていこう」という機運が高まってきた。

「プロの目はごまかせません」——。世界各国から魚を集荷・取引する同市場の卸会社は、それぞれ自社内外で取

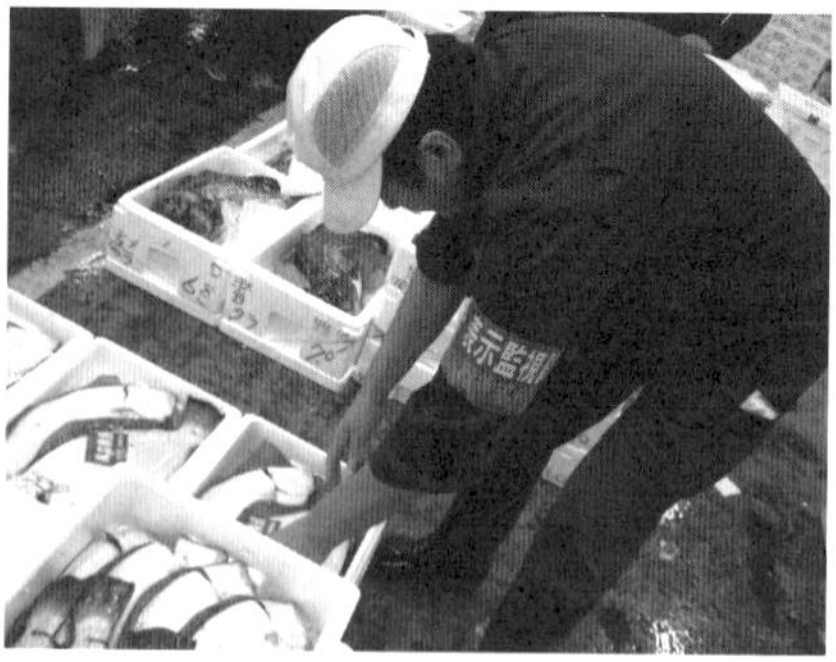

産地表示などをチェックする卸会社の監視員

引される魚介類をチェックしながら、産地偽装などを防ぐ取り組みを開始した。食品全般で相次ぐ偽装事件に、築地のプロたちも「まがい物を取引していては日本一の魚河岸・築地市場の名が廃る」と、自ら市場内で取引される魚介類の監視へ乗り出したのだ。

築地市場はじめ都内中央卸売市場で営業する水産卸9社が結束し、2008年5月に共同で食品に対する信頼性の確保・向上を目指す業界宣言（東京都中央卸売市場水産物卸売業者行動計画）を策定した。

この宣言は、①消費者基点の明確化②コンプライアンス意識の確立③衛生管理・品質管理の確立④衛生管理・品質管理を適切に行うための体制整備⑤情報の収集・伝達・開示などの取り組み――の5項目を食品事業者としての基本原則とし、各社が「行動規範」を作成、社内で徹底・実践していくことが明記された。

これに基づき、それぞれ卸会社は社内で同宣言の基本原則に即した取り組みを徹底している。例えば中央魚類（伊藤裕康社長）は08年の8月中旬に、「食品の信頼性確保・向上などに関する行動規範」を作成。「食品の安全・安心を確保し、衛生的かつ鮮度の高い食品供給」をモットーに、①嘘をつかない②ごまかさない③自分の責任から逃げない④正しい仕事を続ける――といった基本的考え方を確認しながら、流通の要となる「築地・卸」としての姿勢について、細部にわたって定めている。

このほか同社では、社外の学識経験者を含めた組織を設置し、コンプライアンスの徹底に努めるなど、「社内だけでは甘くなりがちな監視の目を、客観的な立場から評価してもらう」（広報室）ことで、社会的な信頼向上を図っていく考えだ。

また、他の卸各社は07年から品質表示監視委員などを選び、社内で扱う水産物の表示などについてチェック。このほか他社で取引される魚介類についても注意を払い、「適正な表示を徹底化させるよう卸会社間でも情報交換するようになった」（卸幹部）といい、「築地ブランドを守ろう」と卸の目の色が変わってきた。

密漁アワビ取引にＮＯ＝原産地証明書なければ扱わない

築地ブランドに傷を付けるのは、偽装表示だけではない。たとえ産地が的確に表示されていても、ルールを犯して取られた魚介類が築地のプロたちの間を通り抜け、「フィッシュ・ロンダリング」されていては、魚河岸の代名詞・築地市場の品格が疑われる。

築地市場の卸5社は09年7月23日、密漁したアワビの流通を阻止するため、原産地証明書などがなければ市場で扱わないことを決め、原則として8月1日から制度をスタートさせた。卸5社はアワビを扱う際、都道府県レベルの漁業団体が発行する原産地証明書を確認した上で取引する。漁業団体に所属するアワビ取扱業者の出荷品を中心に扱うことにしているが、中間業者が持ち込むアワビでも、漁業団体が発行する出荷証明書などがあれば築地で取引できるという。

アワビは暴力団など組織的な密漁が横行し、「巧妙な手口で出荷してくるため、どれが密漁したものか特定できない」（築地卸）という。そこで生産者団体に証明書を添付してもらうことで、密漁アワビを市場から排除することを狙う。

密漁に悩まされ続ける宮城県の漁業団体は、「築地で適正な漁獲物だけ扱われるようになれば、密漁防止への効果は大きいだろう」と話している。同県内のほか、アワビ産地では各地で密漁を防止するため監視を強化しているが、夜間に高速船を駆使した密漁も多く、効果が上がらないのが実情だ。それだけに、密漁目的である換金手段の一つ、築地での流通が阻止されることへの期待は大きい。

「密漁されたアワビまで取引したいと考えているわけではない。売り上げは稼ぎたいが、その前に資源が枯渇してしまえば意味がない。産地での密漁防止が困難な状況では、流通段階の規制に大きな意味がある」。同市場卸会社の幹部は、密漁アワビを市場から排除しようと、積極的な姿勢を強調した。

08年12月には、密漁されたアワビを販売したとして、築地市場と札幌市の卸売会社従業員が宮城県警と宮城海上保安部に書類送検された。このアワビは、密漁グループの仲介者を通じて流通したものとみられ、組織的な違法行為が繰り返されている現状を裏付けた。

アワビの密漁が頻発するのは、いうまでもなく流通価格が高いこと。通常、総菜用として食卓に上る貝類とは言い難い高級品であるため、扱われるのは高級なすし店や料理店だ。有名店がひしめく東京・銀座に程近い築地市場では、時にため息がでるような超高値で取引される。

密漁者の狙いはマグロ以上の高値

同市場の開設者である東京都中央卸売市場の調べによると、09年1月から7月までアワビの月間平均価格は、キロ当たりおよそ5000円前後。ちなみに高値が出ることで知られる国産のクロマグロでも、同期間平均では3200円前後だからレベルの違いがよく分かる。

「上物」だけをみると、同市場で07年千葉県産アワビがキロ2万8000円の高値で取引されたほか、同1〜2万円の高値が出るのも珍しいことではないという。クロマグロの場合、ごくまれにキロ3万円を超える高値が出る場合があるが、これは100キロ以上の大型魚。数十キロの小型クロマグロでは同500~600円でさばかれることもあるなど、個体差は大きい。アワビもピンからキリまであるため、平均値の違いは価値基準の違いを表していることにほかならない。概していえば、アワビは「クロマグロよりも高級」なのだ。それに密漁者にとって海底に沈み片手でつかめるほどのアワビは、狙うのに格好の貝。大間のクロマグロを漁業者以外の密漁者が取りに行けば、命の危険にさらされることにもなりかねない。

漁業者はさまざまな規制守り生産

このように時折、密漁者に狙われる一方で、各地の漁業者は前浜（目の前の漁場）のアワビをわが子のように大切に思い、資源を守るため県などが定めた漁業調整規則を順守しながら、持続的な生産活動に取り組んでいる。例えば、漁期を守って取ったり、9センチ以下の小型の貝を取らないようにしたりといった規制策を順守している。

その上で資源を増やそうと、宮城県では毎年漁業者団体が6000~7000万円（行政の補助を含む）を投じて稚貝を放流している。研究機関が人工ふ化させ、3センチ程度の稚貝にまで育てたアワビを各地沿岸に放流。5~6年後、成長したアワビが漁獲対象となるため、順調な生育を願いつつ放流する。

放流したアワビは実際に生産される量の一部に過ぎないが、純粋な天然物を含めて「密漁者は夜間に人の目を盗んでごっそりアワビを取っていく」と宮城県密漁防止対策本部は嘆く。監視の目をくぐり抜けながら行われる密漁は後を絶たない。

同本部の大島武志事務局長によると、「密漁者が取る県沿岸のアワビは漁業者の生産量に匹敵し、被害額は少なくとも年間15億円以上になるだろう」という。宮城県に限らず、北海道や青森、岩手県をはじめ、西日本でも効果的な密漁防止策が取れずにいることから、築地市場など流通段階での規制に期待する声も多い。

各地で密漁が横行する高級貝・アワビ

水産庁がまとめた「水産動植物の採捕に係る漁業関係法令違反などの状況調査結果概要（暫定版）」によると、2007年の漁業関係法令違反による都道府県や海上保安庁、警察などの検挙件数は、アワビとトコブシで合計161件。10年前の2・6倍に急増した。検挙などの件数は「氷山の一角」といわれるだけに、実際の密漁はかなりの件数に及ぶものとみられる。

各地で頻発する密漁によって取られたアワビの流通実態は明らかでないが、魚市場で適正な漁獲物と一緒に売られていることも少なくないようだ。前述の通り、築地市場でもこれまで、密漁されたアワビが取引されていたことが分かり、次第に「日本一の魚河岸・築地の信頼が失われる」といった危機感が関係者の間で強まっている。

そこで卸会社は協議の上、アワビの密漁対策を具体化させたのだ。卸幹部はアワビ取引について、「市場の信頼確保に加え貴重な水産資源を守るためにも、産地サイドと連携し、何とか密漁品を流通させない仕組みを確立したい」と意欲をみせており、市場の取り組みが密漁根絶につながるよう期待している。

ただ、築地市場など公設の中央卸売市場では、産地から運ばれてくる魚介類に関し、基本的に取引を拒むことはできないというルールがある。同市場を管理する都によると、市場では零細出荷業者を保護するなどの観点から、「受託拒否の禁止」が原則となっているのだ。そのため、「健康上有害な生鮮品を除き、今まで取引が拒否された例はない」と都の業務課。

市場関係者によると、かつてホタテガイの貝毒が問題視された際、産地サイドからの自主的な出荷規制が築地市場の卸会社との間で調整され被害を回避させたほか、下痢などを引き起こすとされるアブラソコムツなどの扱い禁止が徹底化された経緯もある。これらはいずれも安全性が確保されていないケースであり、安全面で問題のない水産物の入荷に待ったがかかった例はないという。

受託拒否禁止の原則、密漁アワビは例外

しかし、違法行為によって取られたアワビの取引は原則に当てはまるはずはない。密漁アワビの取引については、全国の中央市場を所管する農水省が、同市場の卸会社に対し取り扱いに注意を促しており、「密漁品の扱いは例外」（都）として一定の基準の下に受け入れを拒むことができる。

今回の卸会社の協議を得て流通段階での密漁アワビ排除策がようやく具体化した。密漁物には出ない産地証明書など、「浜」が認める書類を確認できれば、築地市場の扱いもすっきりする。ただし、「いったん蓄養されたり、中間業者が複数入るといったケースをどのように見極めるかという課題がある」（全漁連）ほか、「市場外流通で密漁アワビが取引されている実態もある」と流通関係者。「築地がだめなら他のルートで東京へ」といった取引がまかり通れば、密漁抑止効果も水の泡。漁業者はじめ、産地関係者も頭が痛いところで当面は、いたちごっこが続きそうだ。

第4章 「キラッ」と輝く次代の築地担う卸の若者

魚のプロたちが集まり、目利きと目利きがぶつかり合う厳しい取引が繰り広げられる築地市場（中央区）は、経験がものをいう独特の世界。だからこそ、職人気質のちょっと頑固なベテランの卸・仲卸業者が主役だが、築地市場でも近年、若者の存在がクローズアップされるようになってきた。彼らは将来の市場を担う貴重な存在というだけでなく、既に各産地から運び込まれる魚介類を見分け、日々大量に取引しながら、仲卸やスーパーバイヤーなどの信頼を勝ち取っている。見た目には今どきの若者だが、魚河岸・築地で見せる「早朝の顔」は、生き生きと自信に満ちた表情だ。

築地初、生鮮品の女性競り人誕生＝第一水産・山岸弘子さん

２００９年春、築地市場開設（１９３５年）以来初めて「競り台」に上って生鮮魚介類を取引する女性の競り人が誕生し話題となった。男性ばかりの市場で、今もちょっぴりやさしい声

が早朝の競り台から聞こえてくる。

早朝5時ちょうど、卸売り場の2階でベルの合図とともにウニを競るのは、卸会社、第一水産特種一課の山岸弘子さん（27）。北海道をはじめとした国産のほか、米国、中国などから入荷するウニの数量や品質などをチェック、その日の入荷量や消費動向にも左右されるが、できるだけ高い評価を求めて仲卸との間で競りに臨む。

山岸さんは08年7月、東京都が実施する競り人試験に見事合格。09年4月1日に競り人登録された。山岸さんは、「初日はすごく緊張したが、先輩や仲卸さんに助けられて何とか無事に取引できました」と振り返る。

初の生鮮品の女性競り人としてデビューした山岸弘子さん

外国人のマナー違反が横行したマグロ売り場をはじめ、活気あふれる競り取引は観光客だけでなく、市場関係者の関心も高い。ウニは国産の高級品が1箱（約300グラム）数万円で競り落とされることもあり、関係業者は慎重な品定めの後、競りに臨んでいる。
1日に延べ4万人以上が出入りするといわれる同市場で、競りを行う卸会社の競り人は、登録ベースでおよそ

600人。もちろんほとんどが男性で、女性の競り人登録は1995年から始まり現在4人しかいない。

女性初の登録者である大都魚類の下田美由紀さん（営業管理課）はこれまで、「一時期、冷凍ホタテの販売に携わったことはあるが、競った経験はない」と話す。このほか、山岸さんと同じ第一水産で干魚課所属の宮腰飛鳥さん、それに丸千千代田水産冷凍製品課の一山江梨子さんが、それぞれ競り人登録されているが、加工品などの卸売りに従事しているため、競りは行ってはいない。

各地の卸売市場では、かつて主流だった競り・入札による取引が徐々に減少。その割合は減少傾向にある。ご多分に漏れず築地市場でも加工品だけでなく、鮮魚も含めて全般に相対取引が増えていることから、「生鮮品を競る女性はこれまでいなかった」と東京都の水産農産品課。男性で競り人登録されている卸会社の担当者でも、相対取引のみで競り台に立たない人は多いという。

都によると、競り人登録は、卸売の業務経験が3年ある人で、市場の取引ルールや一般教養などに関する試験をパスしなければならない。先輩から「感心するほど仕事に前向きな姿勢が目立つ」と評価・信頼されている山岸さん。

経験を積みながら、「荷主さん（産地の出荷業者）や仲卸さんに信頼される競り人が目標です」

ときっぱり。男性中心の市場だが、「魚介類を競るのに性別は関係ない。築地で働きたい女性は、ぜひ競り人に挑戦してほしい」と話している。

産地との連携強め、確かな目利きを
＝築地魚市場北海・三陸魚グループの横山裕一さん

築地卸「築地魚市場」の北海・三陸魚グループに所属する横山裕一さん（27）は06年春に入社。千葉県の船橋市出身。大学時代に同社のＨＰを見て、それまでまったくなじみがなかった築地・魚河岸に飛び込んだ。

就職難の真っただ中、「早朝勤務で男ばかりの厳しい世界。不安はあったが、とにかく子どものころから魚が好きだったため、日本一の市場で自分の力を試してみたかった」と話す。イサキやイトヨリ、カワハギ、カサゴなどさまざまな魚を扱ってきた横山さん。09年冬は主に中国産アンコウを仲卸やスーパーなどに卸す業務を担当している。

鍋物用魚種の人気が高まる冬場。高値で取引される国産アンコウだけでは到底、庶民の需要に応えられない。だが、中国産となるとアンコウに限らず、かねてからの安全性懸念で買い渋

鍋物用として需要が高まる中国産アンコウを売り込む横山裕一さん

られるのが現状。「加工品ならともかく、魚介類は鮮度が命。新鮮なら（中国産が）敬遠される理由はない」と胸を張る。

今では中国から輸出される食品は、日本の消費者の生活にすっかり定着。魚介類もウナギやエビ、タイなど、種類によっては市場流通の中心になっている魚種も少なくない。

市場にも不景気風が吹き荒れる中で、国産に比べて安価な中国産のアンコウは1匹丸ごとのほか、身だけのもの、あるいは一般には高価な「アン肝」というように、さまざまな形態で市場に入荷する。その中で横山さんは、1日で多いときには1トン以上をさばくという。

常磐産などの国産と比べると、中国アンコウの卸値は半分以下。大衆向けにスーパーなどへ送って大量消費が期待できる貴重な食材となっており、横山さんに掛かる期待も大きい。

日々、仲卸やスーパーなどを相手に売り込みに余念がない。かつては品質の見極めが甘く、「スーパーのバイヤーから苦情を言われたこともあった」と打ち明ける。築地・卸の威信にかかわるだけに、「産地との連携をもっと強めていればそんなこともなかったはず」と振り返る。

「単純に右から左へ魚を通すだけでは築地・卸の競り人としてははずかしい。産地とのやりとりを慎重に。さらに自分自身の目利きも確かなものにしていかなければ、築地で信頼される存在にはなれない」と横山さん。その意味で「会社の先輩や市場内のさまざまな関係者に勉強させてもらっている毎日」と、謙虚な姿勢を強調する表情に自信がにじむ。

いつか「おやじのカツオを売りたい」＝丸千千代田水産・冷凍製品課の太月絵菜さん

鹿児島県奄美大島でカツオ一本釣り漁業を営む両親の元に生まれ、２００９年春に長崎大学の水産学部を卒業し、上京した太月絵菜さん（23）。「全国から数多くの魚が集まる築地で仕事をしたかった」との思いかなって丸千千代田水産・冷凍製品課の一員として毎朝、卸売り場を駆け回っている。

同社は水産加工品の取引を中心とした卸会社で、今のところ鮮魚の扱いはない。ただ、同社も鮮魚を卸売りする権利は既に取得していることから、「いつかはおやじのカツオを築地で扱って、東京の人たちに食べてもらいたい」との夢を抱く。

太月さんは今、冷凍エビを主に扱っている。ブラックやホワイト、バナメイなど種類が多く、しかも重さで区分された規格も多岐にわたっているため、入社後しばらくは「ちんぷんかんぷんだった。お得意様から問い合わせの電話を受けても即答できず、先輩に電話を代わってもらうしかなかったのがすごく悔しかった」と負けん気の強さはかなりのもの。

今ではスーパーからの注文や冷蔵庫の在庫切れが迫った時、加工メーカーに発注する役割も担う。発注する際の買い値の動向やスーパーなどユーザーに対して欠品を出さないように注意するなど、気遣うことも多いという。

最大のピンチは、配送する冷蔵庫を間違えてエビが運ばれ、周囲が大混乱したこと。「一瞬、頭が真っ白になってしまった」とか。商品がさほど遠くに渡っていなかったことで、大事には至らず胸をなで下ろしたが、「手続きをより慎重にやらねばと実感した」としみじみ語る。

冷凍エビを中心に多くの加工品を扱う太月絵菜さん

景気が冷え込む中で「加工品には安くて質が良いという点が追求され過ぎる」との懸念も。ちょっぴり高くても自分が良いと思ったカニグラタンを売り込んだ時、「おかわり（再注文）が来た時は本当にうれしかった」と笑顔を浮かべる。

レストランの味に引けを取らないほどおいしいというこのグラタン。今では人気商品で半月に150ケース（35個入り）を売り上げるほど、取引が拡大している。

早朝2時半に卸売り場に出る。男性2人を含め同期入社3人の中で、「今まで体を壊さず出勤しているのは私だけ」と心身ともに、魚河岸のリズムに溶け込んだことを実感する。会社は「上司と部下がそれぞれの部署で率直に意見交換できる雰囲気が好き」と太月さん。

内外関係者からの信頼を一層深め、さまざまな経験を重ねながら、先々「おやじが取ったカツオはおいしいよっ」と、元気いっぱい売る込む日が来るのかもしれない……。

マイナーな魚に活路を＝中央魚類・東剛久さん

和歌山県串本町出身の東剛久さん（24）は、マグロ養殖漁業を営む漁業生産者の実家に生まれ、3年前に東京・築地市場の卸、中央魚類に入社。生鮮マグロの担当を経て、これまでタイやカンパチ、サワラ、カマス、イサキといった高級鮮魚の卸売りを担当してきた。

「早起きに慣れるのには時間がかかった」というが、今では早朝から仲卸業者などとの間で、元気いっぱい魚取引の最前線で活躍。活発で人懐っこい人柄が市場に浸透し、先輩の競り人や関係業者からも信頼される存在となっている。

さまざまな魚の消費拡大を目指す東剛久さん

実家でマグロ養殖をやっているため魚は珍しい存在ではないが、「築地へ来て食用の魚の種類が多いのにはびっくりした」と東さん。いろいろな食べ方で、「季節に応じた旬の魚を味わえるという日本の魚食文化を誇れるようになった」とも話す。

高級鮮魚類中心の卸売りに従事しながら、「今後は日本各地で取れる魚のおいしさをもっと理解し、多くの人に食べてもらえるようがんばりたい」という。

「漁港ではマイナーな存在で築地へ出荷されなくても、おいしい魚は他にもあるはず」とみており、固定概念にとらわれずに、「たとえ見慣れない魚でも、おいしく食べてもらえるよう力を尽くしていきたい」と意気込んでいる。

アブラボウズ、汚名返上へ＝じわり人気、食べ過ぎには注意を

おなかを壊す恐れがあるとして、かつて東京・築地市場などで取引が控えられていたアブラボウズが、少しずつ存在感を増してきた。三陸や千葉などの漁港で水揚げされる魚のほか、最近はロシア産の冷凍魚が取引され、料理店などに送られている。

脂たっぷりのアブラボウズは、たくさん食べると下痢などの症状を起こすケースがあったため、同市場を管理する東京都は１９６９年から、生鮮品ではなく練り製品など加工用として扱うよう関係業者に指導してきた。

しかし、食品衛生法で販売が禁止されているアブラソコムツやバラムツなどとは脂の成分が異なり、必ずしも消化されない脂質ではないことが分かったため、都は２００３年３月に指導を解除。アブラボウズ取引に制約はなくなった。

同市場の卸会社によると、いったん都から指導を受けた魚だけに、「アブラと付く魚名を聞いただけで、仲卸などの反応は悪くなる」（東都水産）という。また、扱い禁止の魚と勘違いしている業者も少なくない。

２００９年秋から週に１００キロほどロシア産の冷凍アブラボウズを卸売りしてい

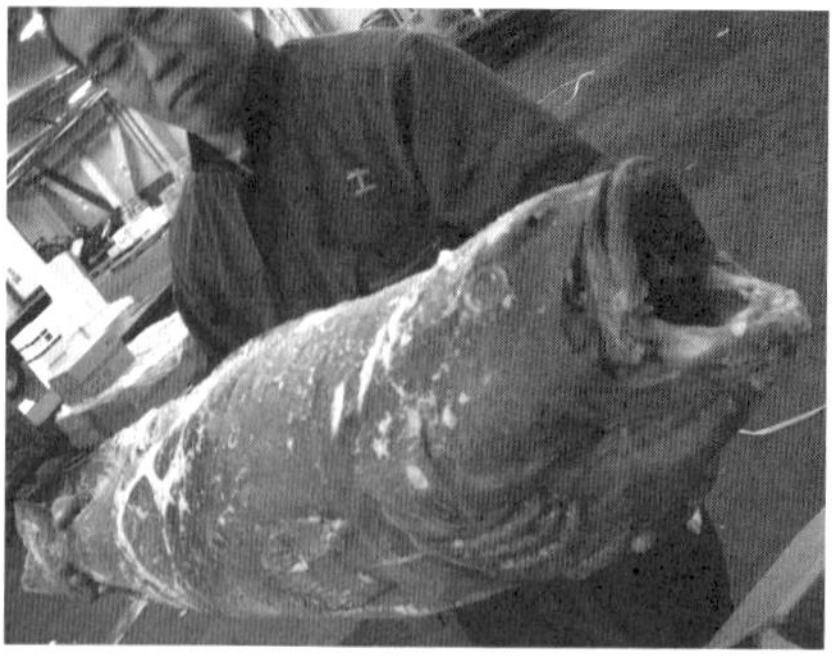
ロシア産の冷凍アブラボウズ

る第一水産塩魚冷凍課の三橋雅彦係長は、「見た目はグロテスクだが、脂が乗ったきれいな白身魚」とPR。ただし、「脂が多いので食べ過ぎには注意して」と話す。

同市場からアブラボウズを仕入れている東京・板橋区の日本料理店「よし邑」では、秋と冬にアブラボウズの焼き物などをコースメニューに入れている。注文した客からは「珍しい魚でとてもおいしいとびっくりされる」（冨澤浩一総料理長）と人気は上々だ。

ザリガニ激減、高根の花に？＝10数年で2倍、毛ガニ並みに

田んぼや用水路などで見かけるザリガニが、東京・築地市場で高値取引されている。流通量が減少し、同市場への入荷はわずかな量にとどまっており、市場価格は近年じ

わじわと上昇。今では高級魚介顔負けの値で取引されている。

フランス料理などに使われるザリガニは、同市場でエビやウナギを扱う3社ほどの仲卸が茨城県などの出荷業者から仕入れ、業務用として卸売りしている。築地・仲卸「大六」によると、2009年12月の販売価格は1キロ当たり2000円を超えており、国産の毛ガニに匹敵する高値。他の仲卸は「10数年で流通価格は2倍ほどに上がっている」（小池商店）という。

ザリガニを使ったオードブル（埼玉県富士見市のフランス料理店で）

ザリガニを出荷する茨城県小美玉市の原田水産によれば、「築地への出荷量はかつて週に100キロほどあったが、今は20～30キロに減った」と話す。生息場である田んぼが減っていることや、圃場（ほじょう）整備が進んで水はけが良くなるなど、ザリガニが繁殖しにくい状況になっていることが要因だ。確保されたザリガニは、3日ほどきれいな水の中で「泥抜き」した後、築地市場へ送られる。

同市場に入荷するザリガニを仕入れる埼玉県富士見市のフランス料理店「ボンヴィヴァン」では、

5種類の野菜をコンソメ風味のゼリーで固めたオードブルにザリガニを使用。塩野恭男オーナーシェフは、「話題性があって楽しみながら料理を味わってもらえるため貴重な食材だが、尾の身は小指の先ほどしかなく割高感がある」と、仕入れ値の上昇に不安を抱いている。

第Ⅲ部
「捨てたモンじゃない」
～魚の価値を最大限に

プロローグ

「こんな魚は都会で食べる人はいないから、後回しだ。築地なんかの中央市場には送らないからね。地元でもあまり食べないから、加工業者が引き取って牛や豚の餌にでもするんじゃないか」――。

時折、地方の漁港に行って漁船からいろいろな魚が水揚げされる風景を見ていると、丁寧に扱われ大きさごとに選別された後、発泡スチロールに入れられ氷とともにキンキンに冷やされトラックに積み込まれる魚と、大きさに関係なくどさっとトラックの荷台に詰め込まれたり、しばらく漁港内に放置されたりして、そのうちどこかへ持ち去られる注目されない魚があることに気付く。

漁師らにとってせっかく取った魚は、少しでも多くの人に食べられ、その価値に応じた値がつくことに越したことはない。しかし、近年の魚離れを背景とした魚価安により、メジャーな魚でなく、漁師か釣り人でもなければ名前もすぐ出てこないような、いわゆる「雑魚」に行き場はない。人気がなく値が付かない魚は市場の厄介者。流通の壁は厚いのだ。

2009年師走を目前に控えながら、築地卸の幹部は「今年の年末・年始用の商材はみな安い。イクラにカニ、フグ、マグロ、タコ……。カズノコくらいかな、減産でやや高いのは。ただ、安い魚が多い割にあまり量がさばけない。この不景気は深刻だね」。

メジャーな魚だってバンバン売れるご時世ではない。「スーパーも正月から営業するし、だいたいおせち料理なんか東京の人は食べないでしょう。売れないわけだよ。今は盆も正月もない。季節感は薄れ、アメ横くらいじゃないの。年末大忙しっていうのは」と築地市場仲卸。

人気の魚種の売れ行きもさえず、季節感も薄れて師走のにぎわいもどこへやら。築地は毎年、年末最終市となる12月30日は魚の入荷が少なく、かつて卸売り場には酢ダコなど正月用商材くらいしか並ばなかった。皆1年を振り返りながら中には酒を酌み交わし、談笑する業者もいた。ところが近年は産地や築地の業者も少しでも稼ごうと、量は少ないもののアジやサバなど通常取引される魚が入荷するようになった。

それぞれ同じ地域でも、食習慣の傾向は変わる。産地ではそうした他地域の需要の変化を察知して、うまく魚を振り分ければよいのだが、もともと複雑な水産物の流通過程で、必ずしも適材適所に魚が流れ、消費されていないのが現状だ。

それればかりか、本当は消費者が食べたいと思う魚なのに、「こりゃだめだ」と産地・流通サイドで勝手にあきらめてしまっていることもあるようだ。

首都圏のある大型量販店で鮮魚売り場を担当する30代後半の男性はこう話す。

「うちの鮮魚バイヤーは9、10時出社。仕入れは前の日夕方、魚市場の担当者へ電話して発注する。基本的に日々発注量を変えるのはサバ、スルメイカ、アジ、イワシなど5種類ほど。マグロやサケなどは輸入商社や卸問屋から仕入れている。

バイヤーが朝、仕入れに魚市場へ足を運ぶことはないから、はっきり言って頼りない。鮮魚の5種類は1週間単位で決めるから、途中で魚の水揚げ状況に変化があっても変えられない。

そもそも、まな板が小さいから大きめの魚はさばけないよ。いろいろな魚を処理しなければならないばかりか、水切りのためにしばらくまな板に魚を置きっぱなしっていうことも多いから、せいぜい1キロくらいの魚じゃないと処理できない。

ブリやワラサ、メジなんかは特売などメーンで扱う時は準備するけど、スポットなら断るよ。ワラサだったら同じサイズの養殖ハマチで十分。産地からフィレ（3枚下ろし）で来るから便利だよ。

コスト意識は高くて魚をさばく『切り手』も少ないからね。安くてうまいからって、急にたくさん仕入れられてもこっちが大変。キレちゃうよ。それこそ切り手が。

そんなのが現実だから、珍しい魚を仕入れて売るなんてこともできない。本当は必要なことだと思うんだけど。バイヤーは魚知らないし、切り手も困るでしょ。マニュアルにないからどうやって切って売ればいいのって話だよ。だれも答えられないんじゃない。一般の魚屋さんはいいよね、その点。

例えばさっきの話だとワラサなんかは刺し身の単品をつくって、その上、盛り合わせにも使ったり、ちょっと売れ残れば焼き物、煮付け用に変えればいい。そんな臨機応変な売り方が理想だけど、われわれは無理」――。

「取れた魚を最大限に生かそう！」――。魚の流通・消費すべてが漁師のために動かせるわけではないが、まだ、うまく運べば「食べられる」「値がつく」という余地が大いにある。その可能性を十分に感じさせる頼もしい人・組織の動きが最近目立ち始めた。「猫またぎ」の魚を「人気魚」に変えてしまう。そんな漁師が泣いて喜ぶような取り組みをまとめて紹介したい……。

キーワード

●雑魚（ざこ）
マグロやエビ、カニなどの高級魚介類とは対照的に、商品価値が低くて流通に乗らない魚のこと。売り物にならないような小魚の総称ともいわれるが、広義には小さな魚でなくても、「猫またぎ」と呼ばれるほど人気のない魚を指す。従って、エイやサメ、アカマンボウなど比較的大きな魚も雑魚扱いされることがある。

第1章 「もてない魚」を人気者に

日本各地の漁港で水揚げされる魚は、年間およそ560万トン（2008年）。水産庁によると、そのうち主要な産地漁港で水揚げされる魚の8割以上が食用に向けられ、刺し身や切り身のほか加工品など、さまざまな形態でわれわれの胃袋に収まっている。残る1割強が飼料や肥料としての利用だ。

ただ、国産魚のほか、日本ではマグロやサケなど多くの魚を輸入し、消費しているのが現状。この中で、これまで述べてきた流通や消費構造の変化で、「もっと国産の魚を有効に活用すべき」との声が高まっている。

それは単純に「もったいない」という思いだけでなく、減り続ける魚資源や苦境に立たされる漁師へ向けた流通サイドからのメッセージでもある。資源、漁師が存在することによって成り立つ小売りや加工も含めた「水産業」。生産から流通、消費に至るまで、それぞれの局面で「儲からない」時代に仕掛ける先駆的な取り組みに今、熱い視線が注がれ始めている。

魚河岸〝番長〟山根博信氏が奮闘

和歌山市中央卸売市場で鮮魚仲卸、「山根商店」を営む山根博信氏（48）は、日本各地の漁港で捨てられたり、安く買い叩かれたりする魚の需要を掘り起こし、他地域に供給する〝仲人〟として幅広く活躍。各方面から人気を呼んでいる。

魚の有効利用への橋渡し役を買ってでる山根博信氏

各地の同業者などから「オヤジ」と呼ばれて慕われる山根氏。がっちりとした体格に丸めた頭、鋭い視線は一見、近寄りがたい印象を受けるが、その風貌に似合わず、魚を見る目は繊細で愛情に溢れている。ひとくせもふたくせもある魚のプロたちが集まる魚市場や漁港で、過小評価されている魚に対して新たな価値を見いだし、最大限活用しようと日々奮闘する。

北海道から沖縄県まで各地の漁港や魚市場を飛び回り、魚の「地産他消」ともいうべき産地と新たな消費地をつなぐ調整役を果たしている山根氏は、05年に他の仲卸らとともに計10人で任意団体「鮮魚の達人協会」を立ち上げた。自らも和歌山市で仲卸を30年務める魚のプロ。その傍ら、同協会の会長として精力的な活動を展開している。

「人気がない魚たちだって、需要が見込める地域へ向けて流通に乗せれば、おいしく食べてもらえることがあると気付き、放っておけなくなった」と山根会長。未利用魚の活用に対する熱意とこだわりが、これまでの取り組みを支えてきた。

魚供給の原動力である漁業の現状をみると、世界レベルでの水産資源の減少に加え、国内では輸入品の台頭や魚価安で日本の漁師は苦境に立たされている。高齢化も顕著で、各浜では活力の低下が叫ばれる。

「以前は漁師のことまで考えて商売をすることは少なかった。仲卸として魚をより安く仕入れて売ることとばかりにとらわれていたが、これではいけないと感じた」(山根会長)と話す。魚を扱うためなくてはならない漁師の存在が、近年数々の要因で危ぶまれ、影が薄くなってきたことに危機感を抱く。

魚の価値高めなければ漁業は崩壊する

「魚をもっと大事に、その価値を十分生かしていかなければ、われわれの仕事も成り立たない」

――。無尽蔵ではない魚資源。日本周辺ではサンマなど一部豊富な資源は存在するが、マイワシをはじめ多くが危機的な状況とされる。

さらに世界規模でみれば、水産有用資源のうち77%の利用が「過剰漁獲」あるいは「満限」とされる報告もあり、資源枯渇化に警鐘を鳴らす専門家も少なくない。マグロをはじめとした資源管理強化への必要性が高まり、漁業者は当面、向かい風が吹き続ける中で出漁しなければならない。

こうした資源・生産状況に加え、燃油価格の高騰や魚価安も、漁業者を窮地に追いやっている一因だ。近年、原油価格の上昇により漁船燃料も上がり続け、08年夏に全国の漁師は「もう漁に出られない。魚を取れば取るほど赤字になる」と悲鳴を上げ、一斉ストに踏み切ったのは記憶に新しい。

原油価格は08年秋以降、09年にかけて下落していたが、投機マネーが再び原油に流れ出し、09年春以降上げに転じていることからこの先、漁業への影響が再び心配されている。

さらに魚価低迷も、漁業者にとっては悩みの種。消費者の水産物購入先の大半を占めるスーパーの売価は、低価格化の傾向が続いており、築地市場など卸売市場では「品質が良くても高い魚は引き合いが少ない」（競り人）と、集荷に消極的になる場面も少なくない。

小売りサイドからは、魚の鮮度など品質の良さが求められるのは当然だが、それ以上に価格を抑えた取引が先行しており、産地の思惑とかけ離れた相場の横行も、市場外取引を拡大させる要因となっている。市場の安値を回避しようと場外流通も盛んだが、消費量が頭打ちにある現状では、魚価向上の切り札にはなっていない。

こうした数々のマイナス要因から、日本漁業は衰退の一途だ。活力の低下が叫ばれ、後継者難から高齢化が顕著。「このままではおよそ20年後に漁師はゼロになる」（学識経験者）といった指摘もあるほどだ。

地方の鮮魚仲卸にとってできること――。「魚の価値を真剣に見つめ、有効に利用できるような方法を探ろう」――。それが、魚の供給の将来を担う漁師を救うことにもつながる。そこで鮮魚の達人協会は、それまで日本各地に築いた漁港・鮮魚ネットワークを生かし、廃棄されたり流通に乗らなかったりといった利用度が低い魚を、他の地域でおいしく食べられるようにするため、全国の漁港などへ目を配るようになったわけだ。

扱う魚は決して珍しい魚ばかりでない。山根会長らは「おなじみの魚もさまざまな食べ方を提案することで利用を拡大していこう」といったコンセプトのもと、「次世代魚食文化の伝承」を掲げて活動を進めている。

山根会長がこれまで、日本全国各地の漁港を見て回ったところ、「地域的な食文化の違いで食用にされていない魚や、他地域と比べて取引価格が妙に低い水産物が少なくないことを実感した」という。

例えば宮城県の石巻漁港で、はえ縄漁船によって水揚げされるアナゴは、大きな魚が東京・築地市場（中央区）などへ出荷され高値で取引される半面、１００グラムに満たない小型魚には買いが入らず、港で持て余していたという。

１００グラムが必ずしも取引可能な分岐点ではないものの、実際、築地市場の卸会社によれば、「１００グラム以上でのアナゴと70～80グラムのアナゴでは、相場に大きな開きが生じるケースがある」（山根会長）と話す。

小型のアナゴは築地市場で二束三文

小型アナゴ、混獲のスルメがもてる？

卸会社によると、同市場のアナゴ（活魚）の卸値はその日の入荷状況などによって変わってくるが、１００グラム以上の大型は、最も高いときにはキロ２０００円くらいの値が付く。通常はキロ１５００～１６００円程度で、入荷が潤沢ならさらに値を下げることもある。

このように大型魚が豊富な場合に80グラム以下の魚が入

荷すると、せいぜいキロ500~600円、「それ以下なら買い手が付かないこともある」（築地卸）という。こうした取引状況が、産地の引き合いと連動。小型魚は買い手がいないという事態を招く。

そこで山根会長は、関西方面ではむしろ小型のアナゴが好まれ消費されている点に着目した。東京でアナゴは、天ぷらなどの材料として使用され、大きく丼からはみ出すほどの長い大型魚が好まれる。ただし、関西方面では「八幡巻きや『ひつまぶし』が定着しているためか、比較的小さいアナゴをむしろ使用して料理に使うことが多い」と市場関係者は話す。「八幡巻き」とは京都の名産品で、八幡の特産物・ゴボウをウナギやドジョウで巻いた郷土料理。同じような食べ方で、小型のアナゴが利用される例があるようだ。

石巻漁港で行き場をなくした小型アナゴは、こうして山根会長の目に留まり、08年から兵庫や岡山県の販路が確保され、取引の上、流通するようになったのだという。これまでこうした魚の流通が実現されていなかったことは残念だが、同様のケースが少なくないことを実感し、山根会長は動き出したのだ。

また、混獲される魚も例外ではない。高知県須崎市の漁港では、バッチ網で取れるシラスに交ざって水揚げされる小型のスルメイカが厄介者扱いされてきた。漁獲後、網の中に紛れ込む小型のスルメイカは、産地でシラスとともにボイルされてから天日干しされるが、山のようにつくられるシラスの中から途中でスルメを選別するのは難しいという。

かといって一緒に商品化するわけにはいかないため、最終的に取り除かれるわけだが、その後、このスルメはせいぜい地元で消費される程度。他地域への流通はほとんどなかった。

これを見て山根会長は、「ペペロンチーノなどイタリア料理の具材などとして都市部の飲食店で使ってもらえないか。そうなれば一定の値が付く」と考えて働きかけたところ、今では複数の店舗で活用されるようになったとか。

副産物とまではいえないが、漁業者としては取ろうと思っているわけではないスルメイカにも、貴重な販路を確保し商品として流通するのだから、双方にとってありがたいことだ。

卵の抜け殻、ボラの身にも活路を

このほか、山根会長は関西方面の漁港で大量に水揚げされるボラの有効利用について模索している。「カラスミの原料として卵の価値だけが定着し、身はごみのように扱われている」と山根会長。

卵が大事に扱われるのとは裏腹に、「ボラという名前を聞くと、臭みがあってあまり食用に向かない魚という印象からなのか、スーパーなど量販店でも扱うケースが少ない」（市場関係者)。

漁港で山積みされ、行き場をなくしたボラの利用に向け山根会長は、「鮮度を保って流通させれば、時期によっては刺し身でもおいしく食べられる」とみて、安定した消費先を開拓中だ。

魚の食べ方に関する〝山根流〟の提案では、徳島県産の雑多な小魚をすり身にして揚げたカレー風味の「フィッシュカツ」が人気になっているといい、このほか静岡県沼津港で水揚げされる深海性の鮮魚や、高知県土佐清水の定置網で水揚げされるさまざまな魚のおいしい食べ方を紹介

市場ではあまり人気がないボラ

し、魚食の魅力を最大限引き出しながら伝承していくという重要な役割を担っている。

山根会長が運営する同協会のネットワークは現在、40を超える産地や消費地に広がっている。活動が少しずつ広がり、今では「新たな産地の関係者から相談を持ち掛けられるケースもある」と言う。

鮮魚の達人協会は、魚食文化の発展へ向けた産地と消費地を結ぶ仲人役のほか、「鮮魚の達人」を生み出す検定試験も実施している。魚の知識や調理法などを出題し、一定レベルを超えた合

格者には「達人バッジ」が贈られる。「水揚げされた魚を見極め、小売店を通じて家庭の食卓へおいしい海の幸を届けることを狙いとしている」と同協会。

漁業者への貢献、さらには各地の魚食文化を継承させていくためにも山根会長は、「これからも産地と消費地の間に入り、新たな魚食文化をつくり上げていくという意気込みで各地を飛び回っていきたい」と意欲を燃やしている。

第2章　雑魚や混獲魚、猫またぎの汚名返上へ

魚の有効利用を目指す取り組みは、水産関連の企業・団体でも始められている。不況下で生き残りを懸けたそれぞれの自助努力だが、こうした地道な魚の有効利用や付加価値向上策が定着すれば、消費者にとって選択肢が広がるばかりでなく、漁師にとっても心強い後押しになることは間違いない。

マンダイ、ガストロ、ゲンゲが売れる

最近、人気の魚と一緒に漁獲され、これまで見向きもされなかった魚たちの存在が脚光を浴びるようになってきた。新たな加工品を開発するなど、水産関係者は「雑魚」とも呼ばれる魚の有効利用を図ろうと懸命だ。

日本のマグロ漁業者らでつくる日本かつお・まぐろ漁業協同組合（日かつ組合、石川賢広組合長）の関連会社、日本かつお・まぐろ漁業協同株式会社（日かつ協同）は、マグロはえ縄漁

船でマグロとともに混獲される魚の有効利用を進めている。

その対象は、アカマンボウ（マンダイ）とガストロだ。ともに日かつ組合所属の遠洋マグロはえ縄漁船が、遠洋の漁場でクロマグロやメバチマグロなどと一緒に漁獲してくる魚だが、クロマグロなどが市場でもてはやされるのとは逆に、まったく人気がなくて漁港で水揚げされても「な～んだ」と、そっぽを向かれてしまうような魚。

マンダイは、体長1メートル以上にもなる大きくて丸っぽい魚で、体に赤い斑紋があるのが特徴。背に比べ腹の部分には脂が乗っていてすしネタにもなるという。ところが、消費者が食べなれていないせいか、「価値が低く漁師の間では雑魚と呼ばれ、処理に困ることが多かった」と流通関係者は打ち明ける。

マンダイを多くの人に食べてもらおうと商品化された加工品

そこで日本かつ協同は、マンダイを一口サイズのフリッターなどに加工し、07年夏から販売を開始。今はペッパーソースやバジルソースを加えた焼き物用の加工品を製造し、一般向けに販売。「生協などからも好評で取引量は順調に推移している」（同社）と手応えを感じている。

一方のガストロは、マグロやカツオなどとは違って体の表面に大きなうろこが付いている体長2メートルにもなる大型魚。この魚もマグロに交ざって取れる魚だが、マンダイ同様に人気の魚とはいい難い。

安定的な消費と魚価の向上につなげようと、日かつ協同は水揚げされたガストロをにんにくしょう油で味付けし、焼くだけでおいしく食べられる袋詰めの商品を販売している。「軟らかい白身で食べやすい」と日かつ協同。今後は「同様に混獲されるシイラやサメ類の活用についても検討していきたい」と意気込んでいる。

近年、遠洋マグロ漁業は資源保護の荒波に飲み込まれそうなほど、厳しい経営が続く。外国との市場競争も激化しているため、生産が伸びない上、魚価は低下傾向にあるため、かつてはマグロ漁の副産物であったマンダイ、ガストロといった魚種への期待も小さくない。混獲レベルの魚であっても、消費の道筋を付け流通に乗せることは、漁業経営だけでなく資源利用の面からも重要な意味を持つ。

日本海の底引き網漁でも「雑魚」ともいうべき不人気で雑多な魚の有効利用が図られており、その魚特有の成分を生かした加工品のおかげで、魚そのものの需要が高まりつつあるという例もある。

その魚は、エビやカレイ類などとともに底引き網で漁獲されるゲンゲ。富山湾などに生息する深海の魚で、寒天状の軟らかな魚体。ぷりぷりとした食感で、鍋や空揚げなどとして北陸や山陰地方などでは知られているが、鮮度落ちが早く関東などではまったく無名。地元でもそれほど人気はなく、「あまり食べられず海に捨ててしまうこともあった」と産地関係者は打ち明ける。

ところが近年、ゲンゲが持つ体力回復効果などが注目され、富山県漁業協同組合連合会は数年前、大学などと共同でこの魚を原料とした栄養補助食品を開発した。ビタミン類や鉄分、カルシウムなども含まれ好評となっており、購入した消費者からは、ゲンゲそのものを食べてみたいといった声も上がっているという。

漁獲上位「カタクチイワシをもっと食べて」＝水研センター中央水研の石田主任研究員

国内生産量上位の魚も有効利用の道が模索されている。水産総合研究センター中央水産研究所（横浜市金沢区）は、イワシ類のうち最も漁獲が多いカタクチイワシの食用化を促進させるため、3枚下ろし（フィレ）を合理的に生産する魚体処理機の開発を進めている。省人化タイプの一連の機械がおおむね完成しており、処理量は1日1トン以上という。

カタクチイワシはマイワシなどと一緒に巻き網漁船などでごっそり漁獲され、千葉県の銚子漁港などで大量に水揚げされる。鮮度が良ければ刺し身でも食べられるものの、足が早く、かつ魚体が小さいこともあって鮮魚ではあまり流通しない。このため魚価も安く、漁師にとってはうまみの少ない魚だ。

「猫またぎ」のイメージをぬぐい去ろうと、同研究所の石田典子主任研究員は頭と内臓、骨を省力化タイプの新たな機械で取り除き、短時間で多くのフィレを生産しようと考えたのだ。

具体的には、まずカタクチイワシの頭の向きを自動的にそろえてくれる「整列機」に魚を送り込み、出てきた魚の腹と背の向きを人がそろえ、内臓を除去する「つぼ抜き機」へ。ここまでの工程は1台の機械でできるといい、既に実用化されている。

続いて頭を落としてフィレを製造するもう1台の機械にかければ出来上がり。この機械も、おおむね実用化レベルに達しており、「一連の機械ができれば作業員1人で、多くのカタクチイワシのフィレが生産できる」（石田研究員）といい、「後は粉をまぶしてフライ用にするなど用途を広げ、食用の比率を高めたい」（同）と話している。

カタクチイワシは、海面漁業でサバ類についで漁獲量が多い魚種。2008年は34万5000トン（農水省調査・概数）が漁獲され、サバ類、サンマに次いで国内3位の生産量を誇る。

ただし、「煮干しを含めて4分の1しか食用になっておらず、もっとたくさん食べてもらうようになってほしい」（石田研究員）と話す。煮干しを除くと、食用比率はわずか5％。「あと5％は引き上げたい」（同）と意欲を燃やしており、近く鮮度抜群のカタクチイワシのフライが手軽に食べられるようになるかもしれない。

高級魚使った「ご当地バーガー」続々＝地元ブランドのPRにも一役

もともとメジャーな魚種の有効利用策だってある。人気の魚であっても、取れた魚すべてに需要があって高く売れるわけではない。規格に合わない小さなサイズや、人気はあるがちょっと下火になってきたという魚を、ハンバーガーにして食べてもらおうという試みだ。

こうした地元魚介類を使った「ご当地バーガー」の開発が各地で盛んに行われている。最近は高級食材を使った商品も目立ち、地域ブランド魚のPRにも一役買っている。高級魚とはいっても、「市場へ出荷したら二束三文でさばかれてしまう」という小型魚などを活用した例もあり、付加価値を高めて堂々と飲食店のメニューに登場している。

神奈川県三浦市では、南下浦町松輪の名産・サバをフライにした「松輪サババーガー」が08年夏お目見えした。原料となる松輪サバは、地域団体商標（地域ブランド）に認定された高級魚だが、「1匹500グラムに満たない小さなサバは、魚市場で値が付きにくい」と流通関係者。

小型魚を使った松輪のサバーガー

魚売り場で専用トレーに乗せられ店先を飾るには、一定の大きさが求められるというわけだ。

東京・築地市場の卸会社によると、「500グラム未満のサバは仲卸や量販店の買いが入らず集荷しにくい」という。「買いたたかれてはブランドイメージに傷が付く」（みうら漁協松輪支所）といった懸念から、小さなサバは築地市場などの消費地へ出荷されず、ほとんどが加工されたり、産地で漁師らの胃袋に収まるのだという。

同市場では大分県の「関さば」と並んで高い知名度を誇る「松輪サバ」。1キロ前後の特大型なら、1匹5000円の高値で取引されることも。しかし、500グラムを切る小型魚はせいぜい1匹400～500円で引き取られる」（産地関係者）と評価は雲泥の差。「時期にもよるが、小さくても刺し身にすれば大型魚と同じように脂も乗って十分おいしい」（同）ことから、有効利用の道を探っていた。

そこで松輪支所では、若年層も視野に「通常とは違った食べ方で提供することで、より松輪サバの知名度を上げたい」として、ご当地バーガーを開発。「極力地元の食材を」(同)との発想から、パンは地元産を使って作る近隣のパン屋さんの協力を得て確保しているのだとか。

3枚に下ろして下味を付けたサバを、野菜と一緒にパンに挟んだ「松輪サバーガー」の値段は1個400円。同漁協直営の魚料理レストラン「エナ・ヴィレッジ」で販売し、「冷めても魚特有の臭みがなくおいしい」と人気は上々だ。

「松輪サバーガー」の販売は、釣り漁のシーズン後半の秋が中心。09年は9月中旬から開始された。1日50個の限定販売ということもあり、遠方から渋滞にはまりながら、わざわざ車で買いに来る人もいる。

一方、宮城県ではふかひれを使った「ふかコロバーガー」も話題になった。気仙沼漁港で水揚げされるモウカザメのひれは中国料理の高級食材にもなるが、「より多くの人にサメのおいしさを知ってもらいたい」(八葉水産)と気仙沼市の食品会社。

同社が作るふかひれやサメ肉、ジャガイモと一緒に揚げたコロッケを活用し、08年には高速道路のサービスエリア(SE)や、近隣のイベント会場などでパンに挟んだ手軽なメニューとして販売された。

ふかひれを使ったご当地バーガー誕生のきっかけは、同社の「ふかひれコロッケ」を東北縦貫道長者原SEの管理会社が、飲食コーナーで販売したいと打診したこと。08年7月に試食会などを実施し、食感や味、さらに低カロリーである点などが評価され、商品化に至ったという。

このほか他の地域では、山口県下関市で「ふぐバーガー」「くじら竜田バーガー」が販売されているほか、静岡県浜松市では「うなぎバーガー」、同県富士宮市で「鱒バーガー」、北海道では「ホタテバーガー」などといった当地バーガーが生まれ、それぞれ地元だけでなく、圏外の消費者からも注目されている。

忘れないで！ 地元の名産－松山市＝地産地消推進へ「魚ぎょっとバーガー」開発

これらをヒントに愛媛県の松山市では、09年2月に瀬戸内海で取れるマダイやブリ、アナゴ、アジの4魚種を対象にしたご当地バーガー「味な瀬戸内・魚ぎょっとバーガー」を開発した。「地元の名産を若者にも手軽に味わってもらうことで、魚離れに歯止めをかけたい」（市場管理課）として、市場関係者などの協力を得ながら商品化にこぎつけた。

市が地元魚介類を使ったご当地バーガーの開発に踏み切った背景には、「世間では産地偽装や食料不足の問題が取りざたされ、食の安全・安心に対する注目が高まっており、地元の食材を地元で消費するという地産地消にとって追い風が吹いていること」（同）と説明する。

そうした中、急速に進んでいるといわれる「魚離れ」は、子どもが魚料理を好まないことが最大の要因と指摘される向きもあることから、子どもが骨を気にしなくても食べられる魚料理として、魚を使ったご当地バーガーの開発・普及に乗り出したのだ。

地元・瀬戸内海産の魚介類のうち、ご当地バーガーの主役としても期待されているのがマダイ。愛媛銀行の調査によると、地元・宇和島市が全国有数のマダイ産地であることを調査対象となった3割の市民が知らなかったものの、「3カ月以内にマダイを食べた」という人はおよそ8割に達した。一方、「マダイのおいしい食べ方」に関する質問では、19歳以下の年代の多くが「フィッシュバーガー」と回答したという。

10代の学生らから支持される商品は「ヒット商品につながる」といわれるため、「マダイを挟んだご当地バーガーを作ればウケるのでは」との見方が広がっている。マダイのほか、瀬戸内海ではブリやアナゴなど多くの魚介類が取れることから、これらを候補に一般からアイデアを募り、若年層を中心に人気のフィッシュバーガーで、地元ならではの商品開発を行ってきたのだ。今のところ、商品の安定的な製造・販売には至っていないが、今後も市場関係者らと連携して販路を拡大していく考えだ。

第3章　トロだけじゃない　マグロから宝の油

魚の有効利用に向けた動きが各地で活発化する一方、もともと魚介類が持っている健康を維持・向上させる機能が、改めて注目されるようになってきた。食肉の安全不安などを背景に、世界的な和食・魚料理の人気はうなぎ上り。脳や神経組織の発達に良いとされるＤＨＡ（ドコサヘキサエン酸）や、血栓予防・治療に役立つＥＰＡ（エイコサペンタエン酸）、血圧の調整、コレステロールの排出に機能するタウリンなど、魚の優れた栄養特性は世界的な魚食ブームのきっかけにも。その中で最近、マグロに関する新たな発見・商品化が業界でも大きな話題となっている。

マグロパワーを自ら実証し、特有成分を効果的に発揮させる商品を開発したマグロ加工業者が出現。日本有数のマグロ水揚げ基地・静岡市の清水で、マグロ漁船の漁獲物を丸ごと一船買いして行うマグロ加工業者だからこそできる「離れ業」にマグロ業界も大きな期待を寄せている。

ビタミン入りDHAをどうぞ＝「あら」を有効活用、サプリに

マグロの頭に含まれる各種ビタミンはいかが――。頭が良くなる〝特効薬〟ともいわれるDHAや、EPAなどの魚油と一緒に、マグロから高濃度のビタミンが回収できることが分かり、2008年、魚油との混合サプリメントがお目見えした。

冷凍マグロ類の水揚げ風景

商品化にこぎつけたのは、八洲商事（静岡市、後藤伸一社長）。親会社・八洲水産（同市）が日本有数のマグロ産地である清水漁港で、漁船の漁獲分を丸ごと「一船買い」し、大量に買い付けたマグロを同商事が刺し身用に加工・販売。残った頭やしっぽなどのいわゆる魚の「あら」の有効活用の道を探ってきた。

後藤社長によると、クロマグロやミナミマグロ、メバチマグロなど、数種類のマグロをブロックなどに加工した後、頭などの残渣（ざんさ）は主に専門の処理業者にキロ当たり数円程度で販売していた。その処理量は年間かなりの量

に達するため、「もっと有効に活用できないものかという思いが強かった」（後藤社長）のだという。

それまで同社は加工残さの一部などを利用し、「まぐろの恵み ＥＰＡ」と名付けたソフトカプセルのサプリなどを生産しながら、より酸化しにくい魚油生産の技術開発を進めてきた。

07年から生産を始めた「まぐろの恵み ＥＰＡ」は、ＥＰＡとＤＨＡに加え、「肌のみずみずしさ、関節の滑らかな動き、骨の強化」などの働きがあるとされるコンドロイチン硫酸や、「皮膚の潤いと張り、毛髪の老化防止」などに効き目があるコラーゲン、このほか「体内をアルカリ性に保ち、疲れにくい体を作る」というアンセリンなどを含んでおり、「新鮮で栄養豊かな〝天然マグロ〟が主原料」という点を前面に出しながら出荷。人気商品となっている。

マグロなどの魚油は、食べると頭が良くなるといわれるＤＨＡや、血栓を防ぐ効果などがあるＥＰＡが豊富に含まれていることが知られる。特にＤＨＡは、かつて英国人・マイケル・クロフォード教授が著書『原動力』の中で「日本の子供の知能指数が高いのは、魚をたくさん食べているから」などと結論付け、これがきっかけで「魚の成分、ＤＨＡを食べると頭が良くなる」という説が世界へ広がったのだ。

その後、日本ではパンやソーセージ、ツナ缶などさまざまな種類で「ＤＨＡ入り」を示す食品が登場。ＤＨＡの仲間、ＥＰＡも含めて魚に多く含まれる「高度不飽和脂肪酸」と呼ばれる人間にとって欠かせない成分の研究が着々と進み、さまざまな役割が知られるようになった。DHAなどの魚油には、「もともとビタミン類も豊富に存在することは分かっていた」と、日本のDHA研究第一人者として知られる鈴木平光・女子栄養大教授（食品生産科学）は指摘する。ただ、DHAやEPAを取り出す際、「同時にメチル水銀やダイオキシン、PCBなどの有害物質を分子蒸留によって取り除くため、ビタミン類が失われてしまう」（鈴木教授）といった難点があった。

通常、DHAなど回収するための魚油精製では、有害物質を取り除いていることから、この過程で抗酸化作用があるビタミン類が破壊され、魚油の酸化も進行し品質低下を招いていたという。これが、魚油の扱いをやや難しくしている要因の一つでもあった。

新技術でビタミンたっぷり

こうした中、八洲商事は「まぐろの恵み EPA」などを生産する一方で、マグロの残渣から低温で魚油を取り出すなど、数種の処理を組み合わせた「ハイブリッド抽出法」（特許申請中）により、08年の春、A、E、D、3種のビタミンを多く含有した魚油が回収できることを確認した。

日本食品分析センター（本部・東京）の分析結果によると、同社が抽出したメバチマグロのビタミン入りの魚油からは、「100グラム中43・7ミリグラムと、せん茶の茶葉（64・9ミリグラム）に次ぐ高い濃度で、ビタミンEを検出できた」（同社）という。キハダマグロからも、34・6ミリグラムの含有が認められ、トウガラシやアーモンド、サフラー油など、他の食品と比較しても劣らないビタミンEの量が含まれていることが分かった。

ビタミンDについては、キハダマグロで100グラムの同社精製の魚油から、92・5マイクログラム、ビンナガとクロマグロの混合油で64・4マイクログラムの含有が確認された。ビタミンDはキクラゲ（乾燥）のほか、魚介類に多く含まれていることで知られるが、このうち同社精製のキハダマグロ油は、カツオやアンコウの肝に次ぐ高濃度を示した。

このほか、ビタミンAでは同社精製のクロマグロとビンナガマグロ油の「混合油」で、100グラム中に224マイクログラムの含有が確認された。これについて同社は、「まだはっきりとは分からないが、クロマグロからも多くのビタミンAが検出されたようだ」と八洲商事の伊東芳則商品開発室長はみており、今後さらに分析を進める考え。

同社独自のハイブリッド抽出法は、マグロ類から前述の通り3種のビタミンの検出に成功。DHAなど貴重な魚油との混合成分の回収が実現できた。この際、有害物質の課題についても、「ヒ素や水銀などが検出されなかったなど、いずれの項目もまったく問題はない」（伊東室長）

と話している。

この報告について鈴木教授は、「魚油の抽出過程でビタミン類を破壊せず、有害物質を取り除けたのであれば画期的なこと」ととらえている。

有害物質を除去し、3種のビタミンをうまく回収できることが、同社のハイブリッド抽出法で明確になった。さらに、DHAについても、キハダマグロや混合油で30％近い値（日本食品分析センター調査）を示し、「この数値は通常の魚油よりも高い割合」（研究者）で回収できたという。

酸化を防ぐビタミンの含有により、DHAやEPAを豊富に含んだ魚油は、「まったく酸化しないとはいえないものの、酸化しにくい性質を持っていることは明らか」と伊東室長。「透明の瓶に入れ、日の光が差す室内に数カ月放置しても、臭みが増すなど魚油の品質が大きく変化することはなかった」（伊東室長）と胸を張る。

こうした今までにない魚油をソフトカプセルに封じ込め、天然魚由来のサプリ生産にめどをつけたことで、同社はこれを「まぐろの輝き・ツナミン」（以下、ツナミン）とネーミングし、2008年12月に販売を開始。DHAやEPAのほか、3種のビタミンの含有が認められたため、厚生労働省が作成した栄養機能食品の規格基準に沿って、「人の健康などに果たす栄養機能表示が可能になった点が大きなメリット」と伊東室長。次第に売り上げを伸ばしている。

「ツナミン」と原料になるメバチマグロの頭部

厚労省によると、安全性や有効性に関する基準などを満たした保健機能食品制度では、個別許可型の「特定保健用食品」と規格基準型の「栄養機能食品」がある。後者の栄養機能食品に関する規格基準は、カルシウムや鉄、マグネシウムなどのほか、ビタミン類についても「1日当たりの摂取目安量に含まれる栄養成分量」について上限・下限値が示され、栄養機能表示が定められている。

例えばビタミンAの機能表示については、「夜間の視力の維持を助ける」とされており、ビタミンDは「腸管のカルシウムの吸収を促進し、骨の形成を助ける」、ビタミンEは「抗酸化作用により体内の脂質を酸化から守り、細胞の健康維持を助ける」ことが明記され、同時に注意喚起表示として、多量摂取で疾病が治癒したり、より健康が増進されたりすることがない点や、1日の摂取量を守ることを付け加えている。

過度な摂取について鈴木教授は、「ビタミン類については、骨を健康にする役割のほか抗酸化作用があり、魚油酸化防止のほか人にとっても細胞の酸化を抑制、つまり老化を防ぐという機能がある。ストレスの抑制にも効果を発揮するが、人の摂取量についてはＤＨＡなどと同様に一度にたくさん摂れば良いというものではない。（厚労省の基準など）栄養成分ごとに目安となる上限値が示されているため、ほどほどに摂ることが望ましい」とくぎを刺している。

八洲商事の魚油、「ツナミン」は、カプセルのサプリが180粒（1粒300ミリグラム）入り・化粧箱で1箱6000円。このほか18リットル缶やドラム缶200リットル入りの魚油も販売している。カプセル入りのサプリは、「1日6粒程度が飲む量の目安」（同社）なのだとか。

マグロ漁業と共存共栄、広がる魚油の可能性

通常の魚油より「酸化しにくく臭いも少ない」（伊東室長）ため、これまで以上に多くの食品に応用されることが期待されている。ビタミン類も天然由来で無添加のため、健康志向の今の時代にマッチした商品となりそうだ。

こうした強みを生かし、同社はオリーブオイルとの混合油や、粉ミルクなどへのブレンドが簡単にできるよう、粉末タイプの商品に対する開発にも意欲をみせる。このほか、「魚油と同時に取れるコラーゲンやアンセリンなどを混ぜた粉末の健康食品についても、商品化していきたい」（同）と可能性は広がっている。

伊東室長は、ビタミン入り魚油の開発を機に「近年、マグロは資源の減少に伴う国際規制の

強化や、燃油価格の高騰、さらには魚価安などで、漁師は大変厳しい状況にある。われわれの仕事は、漁業なしでは成り立たないため、生産されたマグロを有効に活用し、付加価値を高めることができれば」と、マグロ漁業との共存を強調する。

後藤社長も、「われわれの業務はいわば魚屋。漁業者と一体になって仕事に従事している。その意味で、今後も市場を通じて刺し身だけでなく、生産者が取ったマグロすべての価値を最大限生かしながら、おいしく体に良い魚を消費者に提供していきたい」と意気込んでいる。

魚を食べ続けると血圧を下げる可能性も＝マグロＤＨＡなどに効果―八洲商事

「マグロには人間が推し量ることができないくらい大きな力を秘めている」――。減少するマグロ資源の利用に対する関心がいっそう高まる中、八洲商事の伊東室長は２００８年12月、高度に精製しないＤＨＡなどの魚油を摂取すると、血圧低下作用が早期に表れることを示す調査結果を明らかにした。

伊東室長が調査に使ったのが「ツナミン」。08年10月、血圧降下剤を常用しない20～70歳代の社員16人を対象に、この自社製魚油カプセルを毎朝飲んでもらって血圧を測定。初日とおよそ1週間後の朝の血圧を比較したところ、最高・最低血圧ともに下がった人が11人と約７割に上った。このうち最高血圧が10㎜Hg以上低下した人が7人。血圧が高い人ほど効き目が早く表れたといい、「即効性を裏付けるデータ」（伊東室長）として特許を申請した。

魚油の働きに詳しい関西大学の福永健治准教授（水産学博士）によると、DHAやEPAの血圧低下作用は、「日本ではこれまで、健康な人でわずかに下がったという報告しかなく、短期間にこれほど下がったという例はない」と話す。

カプセルでなくても、「旬の魚を食べ続ければ血圧が下がる可能性は高い」（福永准教授）。ただ、今調査ではDHA約73ミリグラム、EPA約18ミリグラム入りのカプセル（1粒300ミリグラム）を毎朝6粒飲んでおり、これに匹敵する魚油を摂取するには「毎日かなり多くの魚を食べなければならない」（同）という。

同社のDHAやEPA入りのカプセル「ツナミン」は、前述の通り冷凍マグロの頭などから低温で魚油を取り出す「ハイブリッド抽出法」を採用。抽出後の精製段階で化学処理を施しておらず、精製中に破壊されることが多いビタミン類の含有量も多い。

鈴木平光女子栄養大教授は、「調査の規模や条件など予備試験の域を出ない」としているが、（「ツナミン」の）血圧低下作用に対し、「可能性はある」（鈴木教授）とみている。

伊東室長は09年、効果がまったく違う他のカプセルも使用し、調査目的を対象者に知らせずに行う「二重盲検法」を実施。ここでも「血圧低下を示す結果が得られた」と話しており、今後、関係方面に大きな反響を与えそうだ。

伊東室長は、「マグロは世界的に資源の減少が心配されているだけに、刺し身だけでなく、これまで捨てられることもあったカマ（頭部）の有効利用につなげていきたい」と意気込んでいる。同社の開発によっては将来、マグロの頭など「あら」がトロ並みの貴重な原料となる日が来るのかもしれない。

（伊東芳則氏は2010年1月20日付で同社を退社）

貝殻使い魚増殖作戦＝廃棄物を有効利用―全漁連

「カキなどの殻を使って魚介類を増やそう」――。年間50万トンに上るといわれる食用貝の殻を有効利用し、天然の海の幸を漁業者自らが作り出そうという取り組みが注目されている。沿岸漁業者で組織する全国漁業協同組合連合会（全漁連）が、海底調査などを行う海洋建設（岡山県倉敷市）の協力を得て、漁業現場で発生する貝殻を活用し魚礁を製作。貝類生産が盛んでない地域にも提供し、魚の餌となる海藻やプランクトンを発生させたり、魚の隠れ場や産卵場を作って魚の増殖に役立てている。

全漁連によると、魚礁の材料として使用する貝類はカキ、ホタテガイを中心にアコヤガイやホッキガイなど。廃棄処理には1トン当たり数千円の費用がかかるといわれているが、「貝殻を重ね合わせて複雑な空間を形成することで、海では多くの小型生物の増殖が可能」（全漁連）と話す。

これまで27道府県沿岸で合計約7700基の魚礁が設置され、「多くの地域で効果が確認されている」（全漁連）と胸を張る。

岡山県では瀬戸内海でこの魚礁を使い、魚のいわば「海洋牧場」を建設。「キジハタやクロダイ、メバルなどが増えてきた」と同県水産課。長崎県では、貝殻魚礁によって発生した海藻類や小型の生物のお陰で、イセエビの数が順調に増えているという。

キーワード

●魚礁

森林でたくさんの生物が育つように、海の中では海底が一部隆起しているところには豊富なプランクトンが発生し、魚がすむのに適した環境となる。餌場となるだけでなく、外敵から身を守ったり、産卵したりするにも好都合。このような天然礁に対し、魚の集まる場所を人工的に作って魚を殖やそうという人工魚礁が各海域で設置され、魚の増殖に役立っている。消波ブロックや廃船、廃材などを活用して設置される例もある。

第4章　「活魚より新鮮!?」丸い粒氷で省人・省力化も

魚の鮮度維持に効果的なスラリー氷が入った養殖タイの魚槽

せっかく漁獲されても人気が低い魚や水産加工残さ、さらに単なる廃棄物となる貝殻などの有効利用策が注目を浴びる一方で、魚の鮮度を驚くほど維持させたり、魚の脂の乗り具合やカニの身入りを一瞬で測ったりするなど、魚介類の流通面で役立つ画期的な技術が開発されている。

「活魚よりも生きがいいんです」——。日立造船の子会社、スラリー21（東京、甲斐誠社長）は、魚の新鮮さを保つのに効果的な粒氷を製造するシステムを開発した。既に一部産地で導入され、瞬時に冷やされた魚が取れたてに近い生きの良さで、東京・築地市場などへ送られている。

同社が作る粒氷「スラリーアイス」は、海水を殺菌・ろ過して製氷。特殊な技術によって海水から直接真水の氷を作りだしている。塩分を含まない真水の氷は、きれいな海水とともに撹拌（かくはん）され、直径1ミリほどの小さな球状の氷を含んだスラリーアイス（水氷）となる。

塩分を含まない氷と海水を混合していることから、「（海水の量によって）塩分濃度などを自在に設定することが可能なため、すべての魚に最適な塩分と温度帯を実現できる」と田添正人・営業部長は胸を張る。

一般に海水氷は、国内外の数社がプラントを提供しているが、「必ずしもユーザーを満足させていないのが実情」（同社）という。その要因は、「塩分と温度管理に難点があり、場合によって鮮魚を凍結させてしまうなど、過冷却を招いてしまう」（同）と指摘する。魚が凍ってしまえば、いうまでもなく身質が低下してしまう。さらに、高濃度の塩分は魚の色も変化させてしまうというデメリットもある。

製氷直後はわずか0・1ミリの粒

同社のスラリーアイスは、角氷や一般的なシャーベットアイスに比べて粒が小さいため、「流動性があって、しかも表面積が圧倒的に大きいため早く解ける。このため、魚の体温上昇を防ぐことができる」（同）という。

直径1ミリの粒氷とは使用時の状態で、製氷直後は0・1ミリほどとミクロの粒。この後、きれいな海水とともに撹拌される際、「タンクの上に浮いた粒氷が空気と触れ合って取り込むことで空気中の水分が粒に吸着し、粒が1ミリに成長する」（田添部長）と説明する。

この粒氷を海水とともに配管でポンプ輸送し、水揚げしたばかりの魚と一緒に大きな魚槽に入れると魚はすぐに冷え、まるで「取れたて」のような鮮度さが維持できるわけだ。

産地から築地市場など消費地へ出荷する時は、大きな魚槽から出荷用の発泡スチロール箱などに移し替える際、粒氷あるいはきれいな海水に粒氷を混ぜた氷水を入れておけば、魚の鮮度を十分に保つことができる。

一般的に使用される砕いた角氷入りの海水（水氷）と比較したところ、「10分後の魚の温度はスラリーアイスがマイナス1度だったのに対し、角氷入りは4度近く」と同社。氷が小さな

キーワード

●水氷＝みずごおり
鮮度を維持するため、産地で発泡スチロールの中に魚とともに入れられた水と氷。海産魚の場合は、海水をろ過した氷と水が使われる場合が多い。このほか、スチロール箱に氷だけを敷き詰め、その上にイカなどを並べた出荷形態を「下氷」と呼ぶことから、「水氷」も魚箱内に魚と水と氷が入った状態を指すこともある。

球状で「魚体に密着して均一に冷やせるほか、魚を傷つけることもない」（田添部長）というメリットがある。

寝かせて安心、日持ちは約2倍

魚に優しい上に素早く冷やすほか、「空気を取り込んだアイスの断熱効果で、温度も上昇しにくい」（同）ため、魚を生かしながら出荷する活魚よりも、むしろスラリーアイスを使いながら産地で締めた方が、鮮度を保つことができるのだ。

同社によると、活魚は輸送途中のストレスや水槽で暴れて身質が劣化することがあるが、前述のように産地で魚を締めスラリーアイスを使って消費地まで運べば、「取れたて」に近い高鮮度で、しかも身質の良い魚を届けられる。

さらに、田添部長は「これまで産地からさまざまな魚種をスラリーアイスによって輸送したが、一般的な氷の使用時と比べて日持ちの差は歴然。2倍くらいに延びるため、刺し身で食べられる期間も長くなる。従って歩留まり（廃棄のロス）が減ることは間違いない」とPRする。

実際に産地から同社が都内のある飲食店へスラリーアイスを使って魚を輸送したところ、「新鮮さと日持ちの良さにびっくりされた」とか。

スラリーアイスのメリットは、東京・築地市場（中央区）でも知られ始めている。同市場卸、中央魚類の田代充・鮮魚第四課養殖チームリーダーは、九州から出荷された養殖ハマチでスラリーアイスが使われた際、「鮮度が良いばかりか魚の質も維持されている」と実感したという。

同市場では、魚の売れ行きが良くない場合、翌日の取引に持ち越すこともあるが、「1日経った時、スラリーアイスを使った魚の状態と、従来の氷を使って冷やした魚と比べると、スラリーアイスの方が魚体表面の色が変わりにくいという印象を受けた」と田代チームリーダーは話す。

今のところ同市場でスラリーアイスが使用されている魚介類はごく一部。通常の角氷が浸透していることに加え、システム導入への初期投資が必要なことや、その効果が浸透していないことなどが要因だ。

加えてまだその存在が知られていないため、粒氷を見て「角氷が解けたんじゃないかと勘違いされるケースもある」と、築地市場関係者は打ち明ける。

スラリーアイスの製氷システムを導入している鹿児島の東町漁業協同組合では、養殖魚の水揚げ時の冷やし込みのほか、ハマチなどのフィレ（3枚下ろし）など出荷時に粒氷を使用しているといい、「ラウンド（丸ごとの魚）で使用することはほとんどない」と漁協関係者。

築地市場で通常の角氷との違いが広く認識されれば、今後、スラリーアイスが普及する可能性はあるが、「魚価へのコスト転嫁が難しいのが難点」（産地関係者）と見る向きもある。

輸送中の海水使用量は10分の1

ただ、産地や消費地での一般的な海水氷使用の現状と、養殖魚で行われている出荷までの中継地点での製氷にかかるコスト、さらには衛生面でのメリットなども考慮すれば、スラリーアイスの利用価値はかなり高そうだ。

田添部長によると、例えば養殖魚を活魚で輸送する場合、魚槽内で大量の水を氷で冷やしながら消費地へ向けて出荷するが、産地で冷やし込んで魚を締め、スラリーアイスで出荷すれば、「活魚用の海水の量は現状の10分の1程度に減らせるため、運搬用の燃料費を含めてかなりコスト上のメリットは大きい」とみている。

魚市場で使われる角氷は、製氷機で作りフォークリフトなどで運搬。市場からは大量の氷水を使用して運ばれるが、スラリーアイスのシステムを使えば、ポンプを使って最小限の量ですばやく魚を冷やすことができる。

効率的に魚を冷やし、日持ちを良くするスラリーアイス。刺し身で食べられる時間が延びるほか、省エネ・省人などコスト面での魅力も大きいことから、「魚流通の概念を根本から変える」と田添部長。今後、じわじわと各地の漁港や魚市場などに普及していく可能性もありそうだ。

第5章　魚介類の目利き、職人顔負けの測定器が登場

魚の脂乗り、1秒で測ります――。「熟練の技」が必要な魚の目利きで、誰にでも簡単に脂肪分や身色などが分かる機器の開発が進んでいる。一部は漁港で地域のブランド魚選別にも使われており、魚のプロたちの間で一役買っている。

魚の目利き、たった1秒で＝脂乗りや身色を科学的に測定

静岡シブヤ精機（浜松市）が販売する魚の脂肪測定器は、果物の糖度測定器を改良した。750グラムという軽量・ハンディータイプで、銃に似た形状から「ニアガン」と呼ばれている。その銃口に当たる部分を魚体に軽く当てるだけで、光センサーにより約1秒で脂肪含有率が表示される。

この機器は、島根県浜田市のブランド魚「どんちっち」の選別にも使われている。「これまで魚の脂分を調べるのに丸2日かかっていた」（研究機関）が、この機器の導入により脂肪分

10％以上のアジを漁港で判別、素早いブランド認定を可能にした。

機器の魚への応用に取り組んできた静岡県水産技術研究所（焼津市）によると、事前にその魚種のサンプルデータを入力するため、現在使用できるのはアジやサバ、カツオなど数種類。「今後はクロマグロなどでも使えるようになるのでは」と同研究所はみている。

一方、北海道では、サケの価値基準となる身色を判別する機器の開発が、急ピッチで行われている。秋から冬に大量に漁獲されるアキサケは、「身が赤いほど価値が高い」（産地関係者）。現在は「人が魚体やえらの色などから判断しているが、実際に切ってみると色の度合いが違うことが少なくない」（同）という。

サバの脂の乗りを瞬時に測る「ニアガン」

漁港ではシーズン中に、1日に数千トンものサケが水揚げされることもあるため、さらに精度が高い選別が求められている。
そこで道立工業試験場（札幌市）は、サケの一部に刺した針から光を照射し、反射波を分析して身色を多段階に分類する技術の開発を進め、「2009年春までに赤身の度合いを瞬時に3段階に分ける機器の実用化にめどがついた」と話している。

今春からは製品化に向け、メーカーが実用タイプの機器の試作に取り組んでおり、10年中にも完成する見通しという。大量に水揚げされるサケを市場出荷用、あるいは加工用など大まかに振り分けるための機器がお目見えすることになりそうだ。

カニの身入り、一瞬で測定
今秋から漁港で試験使用へ―島根県水産センター

魚介の目利きは脂の乗りばかりではない。島根県水産技術センター(浜田市)は、プロでも見極めが難しいといわれるカニの「身入り」を一瞬で測定する技術の開発にめどを付けた。

カニ脚の身入りは、品質を決める重要な要素。「甲羅の色や硬さ、漁獲された海域、時期などで身入りを判断する」と東京・築地市場(中央区)の卸会社。しかし、「脚の殻を開けてみたら予想に反して中身がすかすかだったこともあった」(卸)と打ち明ける。

素人である消費者ががっかりするならともかく、築地のプロでも見誤るほど難しいのなら、機械に頼りたくもなる。

もともとカニ脚の肉は、水分が少ないほどたくさん詰まっていることは知られていたため、同センターはズワイガニの脚に近赤外線を照射して測定した水分量を基に、身の割合を示すことに成功した。

「ニアガン」をズワイガニの脚に当てると、瞬時に肉の割合が表示される。今まで産地や市場関係者らの経験に頼っていた目利きを数値化することで、「誰でも簡単にしかも客観的な評価が可能になった」（同センター）と胸を張る。

機器は1台およそ150万円と高いため、当面は漁港など一部の使用にとどまりそう。ズワイガニのほか、「タラバガニや毛ガニなどへの応用も可能」（同）とみており、今後は脚だけでなく「カニみその量も測ることができるかどうか研究を進めたい」（同）と意気込んでいる。

魚河岸の秀才「鯛一郎クン」＝築地のプロも太鼓判―愛媛県産の養殖魚

「魚の王様」といわれるマダイで、天然にも引けを取らない高級養殖魚が話題となっている。愛媛県産の「鯛一郎（たいちろう）クン」とネーミングされた魚で、「甘みがあって歯ざわりが良く、日持ちもする」と魚のプロたちも太鼓判を押す。

築地市場の活魚売り場では、1日5～15トンほどの生きた養殖マダイが取引される。2009年10月中旬の卸値はキロ700円前後だが、このブランド魚は同およそ1400円と2倍の値でさばかれる。

同市場の養殖活魚は、競りや相対取引で値が決まり、天然魚ほどではないが相場は不安定。ただ、「生産者が価格を決めて卸に販売を委ねることもできる」（市場関係者）といい、「鯛一郎クン」を育てる徳弘水産（愛媛県宇和島市）は3年近く、この定価売りを続けている。

近年はスーパー主導の価格設定が横行し、築地市場の魚相場は全般的に頭打ち。この養殖マダイも、07年春の出荷開始まで「なかなか（卸から）ゴーサインが出なかった」

（徳弘水産）というが、今では「高級ホテルや料理屋からの注文がコンスタントに入る」と仲買人の評価も高い。

東京・丸の内の高級ホテルで副総料理長を務めるシェフによると、今や「他の養殖タイでは比較にならないほど重宝している」という。その理由については、「臭みがないのに、しっかりとした味わいがあること」だという。

徳弘多一郎社長によると、餌に天然由来のミネラル分などを加えることで、上質の魚を生産することに成功。魚体は鮮やかな赤色で、「養殖マダイ特有の黒ずみや臭みが少なく、日持ちする」（仲卸）ことが人気の秘密だ。

生産・出荷数量は、07年の約5万8000匹から08年には10万匹近くと2倍近くに増え、その後も順調に推移している。こだわりの生産だけに、年間の最大生産量は12万匹ほど。生産規模を拡大し続けるわけにはいかないが、「これからも高品質で他の生産者がまねできないタイを育てていきたい」と意欲を燃やしている。

築地市場で高値で取引される養殖タイの「鯛一郎クン」

マダイ養殖は魚価安などにより経営者が減少。06年までの10年間に4割以上減った（農水省調査）。海の養殖業者らでつくる全国海水養魚協会（神戸市）は「良い魚を作れば高く売れることを実証した。生産者にとって大きな励みになる」と話し、新たな「秀才」養魚の登場に期待を込めている。

イワシ、3カ月後も刺し身で＝特製たれで銚子名物続々

鮮度落ちが速いイワシやサバといった「青魚」を漁獲後に冷凍し、3カ月以上も刺し身でおいしく食べられるようにする特製のたれが千葉県で開発され、話題を呼んでいる。

たれを開発したのは、同県旭市で地魚料理店と宿泊施設「カントリーハウス海辺里」を経営する渡辺義美さん（64）。夏場に地元で取れる岩ガキの殻の有効利用策として、高温で焼いて水に溶かし、塩とタマネギ、ショウガなどの香味野菜と一緒に素焼きのかめで数週間熟成させ、たれを完成させた。

通常、イワシなどを冷凍すると、「身がぱさぱさになって臭みが出ることも多い」（渡辺さん）が、このたれに数分漬けてマイナス50～60度で冷凍保存すると、「臭みが消え、鮮度が保てるばかりか、うま味も増す」（同）といい、２００９年５月に特許を取得した。

解凍するだけで、数カ月前に水揚げされた魚が「取れたて」に近い状態で、刺し身で食べられるため、鮮度落ちが速くてあまり食用として利用されないカタクチイワシも長期間、刺し身やすしで味わえることになった。

岩ガキの殻などを使ったたれを作るかめと渡辺さん

渡辺さんはこのたれを自身の店のほか、料理店や観光業者らでつくる「銚子うめぇもん研究会」を通じ、会員の料理店に提供。刺し身だけでなく、キンメダイの煮つけやヒラメの揚げ物などにも使われている。

旭市から程近い銚子港は日本有数の漁港だが、「銚子といえばこれ、という全国的に有名な魚料理がない」と渡辺さん。たれを使った魚料理で「銚子のまちを活気付けたい」と意気込んでいる。

第Ⅳ部

漁師消滅の危機、
とにかく日本の魚を食べよう!

プロローグ

「国や社会は漁師を見捨てるのか」――。東北地方でマグロ漁を50年続けてきたベテラン漁師は憤りを隠さない。

「われわれ漁師は大海原へ出て、消費者が求めるマグロを一心に取り続けてきた。もちろん、資源管理を頭に入れて漁に出ている。これまで世界に先駆け日本が率先して行った減船で、漁師をやめた仲間もいる。その無念を胸に仲間の分までがんばろうと、今でもマグロを取っているが、ようやくとらえたいくばくかの魚も、この不況で値が付かない。もうかるどころか乗組員の給料を払うのが精一杯。このままでは日本に漁師はいなくなるよ」。

漁師を続けることの難しさを痛感しているのはマグロ漁ばかりではない。近海で一本釣りにより長年、カツオを取ってきた南九州の漁師も「今は魚を取る時代ではない」と、ついに2009年、漁師をやめた。

日本の近海は世界有数の好漁場の1つ。春の「初カツオ」と秋の「戻りカツオ」は日本の食卓に旬の到来を告げ、季節感をもたらす食文化として定着。「たたき」の地域文化とともに、日本ならではの魚食を育んできた。

ところが09年は、カツオ漁が大不漁に見舞われた。「数日がかりでどうにか魚を見つけでも、量が少ないばかりか1キロに満たないピン（極小）カツオばかり。値がつかない小型魚だけに、本当はわれわれ漁師だって取りたくないんだよ」と打ち明ける。

いくらカツオの時期とはいえ、数百グラムの魚はスーパーの店頭にも並ばない。大都市の需要を満たさないカツオは産地の漁港でも値がつかない。刺し身用として流通に乗らない魚は「雑魚」そのものだ。産地で加工用原料などとして安値で取引されていく。何百トン水揚げされようが、決して築地市場にも運ばれてこない。

漁師は海が仕事場。「豊漁や不漁、波があっても仕方がないが、最近は外国漁船が大型の巻き網漁船でカツオをごっそり取っていくため、太平洋を北上するカツオが減ってしまった。こんなことを放置するなら、この先もカツオ漁師はどんどんやめていく。今まで生活も切り詰め、どうにか漁に出ていたが、もう限界だ」――。

半世紀にわたって遠洋漁場でマグロを追い、船員を確保しながら日本人が大好きなクロマグロを取り続けてきたマグロはえ縄漁船の漁師。それに、漁業に見切りをつけた近海カツオ一本釣りベテラン漁師の悲痛な叫びは、日本の漁師が今、瀬戸際に立たされていることを物語っている。

漁場でも市場でも国際競争にさらされ、最終消費段階ではスーパー量販店の「4定」の壁が立ちはだかる。それでも漁師のプライドに懸け経営難を克服しようと、前向きなプランで操業の合理化を目指し再建を図ろうにも、「銀行は漁師に金を貸してくれない」と嘆く漁師は少なくない。

海が生産の場であり、不安定な漁獲が目に見えているだけでなく、漁船は耐用年数を超えて担保にならない。天然資源ばかりか、計画生産が可能な養殖だって魚価低迷の中、貸し渋られる現状は大差ないという。

これを自然淘汰と済ませておいていいものか。マグロもカツオも日本の漁師が取らなくたって海外から冷凍魚を輸入すれば、われわれ消費者は食べ続けられるであろう。既にマグロは多くが輸入品。大西洋や地中海で取れるクロマグロは、ほとんどが日本人のトロ志向に照準を合わせて漁獲されていることが、10年3月、絶滅危惧種の保護について話し合うワシントン条約で協議される始末だ。

一方、カツオは刺し身用こそ国産だが、「だし」の元になるカツオ節の原料は輸入に圧倒され製品化されているため、国産を原料に伝統的な節をつくる業者が、静岡県の焼津などで次々と廃業に追い込まれている。

かつて有名産地のカツオ節業者がこんなことをいっていた。「外国人が日本のだしの味わいと節の製法を理解することなんて絶対にできないと思っていた。そんな気持ちでアジアから研修生を受け入れ、カツオ節の作り方を教えていたこともあった」。

すしなど日本の魚文化は、欧米や中国など多くの国々で人気が高まっているが、魚介だしが入った「ミソスープ」もなかなかの人気だ。

数年前、グアムで回転すし店に行ったが、昼過ぎに閑散とした店が多い中、カウンターは大にぎわい。日本人の板前さんが何人もの注文を受けながら（ほとんどすしは回転していなかった）、ひっきりなしにすしを握っていた。客のほとんどが外国人。すしをほおばり、当たり前のようにミソスープを飲んでいたのが印象的だった。

日本では今、肉食の割合が魚食を超えるなど、食生活は大きく変化している。「漁師が漁師でいられなくなる」という時代がすぐそこに迫っているのではないか……。

第1章　かつての水産大国、今は魚より肉

漁業には近年、漁獲減、魚価安、燃料高といった「3重苦」が降りかかり、漁師たちのモチベーションを低下させている。

日本周辺の魚資源の減少や、マグロをはじめとした国際的な漁業規制の強化によって生産が減る一方、末端の低価格販売や若年層を中心とした「魚離れ」が、魚価の低迷に拍車をかける。生産性が低下する中で、08年夏にピークを迎えた原油高に伴う漁船燃料の高騰は、「これ以上漁に出られない」と日本の豊かな食生活を支える漁師の意欲を減退させ、漁業崩壊の危機と叫ばれた。

キーワード

●マイワシ漁獲

アジやサバと同様、浮遊性の多獲性魚の1種。数十年周期で豊漁・不漁を繰り返すといわれ、1988年に450万トンの大豊漁となった後、急激に資源が減り続け、2008年は4万トンと100分の1以下に落ち込んだ。近年は「幻の魚」とまで言われ、築地市場では丸々太った大型魚に1匹1000円という信じられない値がつけられることもある。

漁船燃料はその後いったん下がったものの、漁師の慢性的な経営難が解消されたわけではない。「消費を高め、魚の価値を上げなければ」と水産関係者は口をそろえる。

日本の漁業生産量は80年代、1000万トンを大幅に超える高水準期にあって世界トップの座にあったが、沖合いのマイワシ漁獲の落ち込みや遠洋での漁業規模の縮小などで急降下し、08年（概数）は560万トンとピーク時の半分以下に激減。養殖をはじめ増産を続ける中国に大きな差をつけられ、07年には同国のほかインドネシアやインド、ペルーに次いで、日本は世界第5位にまで後退した。

かつての豊漁から一転し漁獲が激減しているマイワシ

減産、魚価安で「だれも儲からない」

一方、日本はマグロ類やサケ・マス、カニなど、海外から多くの魚介類を輸入。財務省の貿易統計によると、08年の水産物輸入量（速報）は国内生産の約半分に相当する277万トン（製品重量ベース）に上っている。

外国からはマグロやサケなど、国内の需要に合わせて魚を買い付けられるが、国産の魚は人気に応じて漁獲するというわけにはいかない。漁師が培ってきた狙いの魚の居場所を察知する能力や、近年は魚群探知機など漁業技術が目覚ましく進歩したとはいえ、資源状態や海洋環境によって、操業可能な海域に必ずしも目当ての魚がいるとは限らない。

大規模な巻き網漁業などでは、大抵取れる魚種は見当が付くが、それでも「取ってみなければ魚種や魚の大きさなどは、はっきりと分からない」（産地関係者）という海ならではの事情が付きまとう。それだけに、取れた魚を有効に利用してもらわなければ、漁師が潤うことはない。

魚の生産が減れば、市場原理で魚価は上がるはずだが、前述の通りたとえば築地市場では、多くの魚種で平均価格が下がっている。全国的にみても、主要魚種の産地平均価格は「ほぼ横ばいの状態」（水産庁）という。

漁業情報サービスセンターがまとめた主な産地市場における08年の平均価格をみると、生鮮物のブリ類やスルメイカ、カツオ（釣り漁による漁獲分）、サンマ、サバ類などが、ここ3、4年下落傾向にある。漁師にとっては生産が減り、さらにコストが上がる中で、単価が下がれば肝心の「稼ぎ」は増えるはずがない。

築地市場の卸、仲卸など流通関係をはじめ、漁師や漁港で魚を確保し築地などへ送り込む出荷業者、さらにはスーパーなど小売店、つまり魚にかかわるすべての関係者が、それぞれの段階で、売る際には「魚価は安い」。それでも「売れない」とこぼす。

ただ、魚の値段は消費者にとってそれほど「安い」とは言えないのではないか。漁師をはじめ魚の供給サイドが総じて儲からないのは、われわれ消費者が「魚を安く買っている」からではないはずだが……。

魚は肉より「高い」か「安い」か

大日本水産会が実施した「食材に関するアンケート調査」（05年度版）では、魚料理よりも「肉料理の方が多い」と答えた人の理由（複数回答）として、「同居の家族が魚介類を好まないから」（31・6％）に次いで、「肉より割高だから」（30・6％）という人が多かった。

「高いか安いか」というとらえ方は主観的なものであり、魚の価格を肉と比較するのが妥当なのかどうかという点も悩ましい。だが、消費者は総菜用に魚を買う際、必要とする代金を割高と感じて、肉など他の食品を買う消費者が少なくないことが分かる。

築地市場の卸会社の間でも魚の売れ行きが悪い時、担当者が「やっぱり肉より高いんだよなぁ魚は」と、消費者の視点から弱気な言葉を発することがある。「刺し身や煮魚、焼き魚もよし。しかもヘルシーで季節感もあるよっ、旬だし！」とアピールしたいところだが、スーパーバイヤーや仲卸を相手にした日々の取引では効き目がない。

肉との単純比較で築地市場の仲卸はこう打ち明ける。「野菜などと調理すれば、晩御飯のおかずに肉1パックで家族全員が食べられることもあるが、魚はそうはいかない。それに1匹100円を切るサンマばかりでは飽きるだろうし。都内のマンション暮らしでは、魚の煙モクモクというのもアウトだね」――。

漁師の手取りは小売価格の4分の1

肉との比較をはじめ、消費者の多くが魚の価格水準を高いと感じるにもかかわらず、なぜ漁師はもうからないのか。そのなぞを解く1つのヒントがある。農水省が09年3月に公表した水産物に関する流通段階別の価格形成調査によれば、アジやサバ、イワシ、サンマ、カツオなど主要10品目の小売価格は100キロ当たり11万1342円で、このうち生産者受取価格、つまり漁師の手取り額は2万7458円。小売価格に占める漁師の手取りの割合は24・7％とほぼ4分の1にとどまっている。

この調査は、同じ商品を流通上さかのぼって得た結果ではないが、一定の目安にはなる。漁師が漁港で魚を水揚げし、産地で取引されて付いた値段が小売り段階で平均3倍にはね上がっているのだ。

漁師たちは、小売りされた金額から報酬を得るわけではないが、スーパーなどは当然、小売価格を想定して仕入れを行うため、例えば店頭で魚を1匹100円で売りたいと思った時、現状で漁師が得る金額は25円程度にしかならない。

しかも、漁師は水揚げ金額の中から産地市場の手数料や燃料費などの生産コストを支払うため、残りはごくわずか。多くの漁師が、「このまま漁業を続けていていいものか」と、日々の生活にさえ疑問を抱くようなありさまだ。

魚を産地漁港などで、より高く売って儲けを出したいと思う漁師にとって、スーパーなど量販店が数量、サイズ、品質と並んで一定の価格を求める「4定」条件を優先する魚流通は、今後も大きな壁となって立ちはだかるであろう。

何しろ漁師が直面する資源悪化や、漁船の燃料費などコストの上昇、さらに旬で安い魚がひとたびしけで漁獲が減り高くなった場合でも、「4定」条件に照らせば「常に安く店頭に並べなければ」という安値安定への力学が常に魚市場で大きく働いてしまうのだ。

第2章　漁師たちがキレた一斉休漁

こうした中、原油高に伴い漁船燃料が急騰した08年夏、漁師たちのいらだちはピークを迎え、全国の漁師が一斉に休漁するという漁業史上初の統一行動に出た。燃料費上昇が限界を超えたこの時期、漁師は漁業の存在そのものを政府や国民に広く訴える必要があったのだ。

一斉ストを前に、漁業団体幹部は漁師の厳しい現状を説明し、国民に理解を得ようとする中で、小売価格の3割に満たないという低い手取りについて、「野菜、果実の生産者の手取り分が4割以上であることを考えると、魚の流通・小売り関係者にそれぞれの段階でのコストについて、もう一度真剣に考えてもらいたい」（全国漁業協同組合連合会＝全漁連）と訴え、漁業が存続できるような価格形成への移行が必要と強調した。

全国漁師の一斉休漁で漁港に停泊する漁船
（北海道釧路港）

08年6月上旬のニューヨーク市場で、原油価格は10ドル余り高騰。1バレル＝140ドル近くに達し「このまま高騰を続ければ、漁業用の燃料もさらに上昇し休業・廃業する漁業者が多発する」（全漁連）という懸念が強まったことが、一斉休漁の引き金になった。

燃料費5年で3倍に

原油価格の高騰に伴って実際、漁船で使用するA重油の価格も急上昇。全漁連によると、08年7月にはキロリットル当たり12万円にまで達し、それまでの5年間で3倍にも跳ね上がった。これにより、漁業生産コストに占める燃料費の割合は3割を超え、「漁に出たくても出られない」という状況に追い込まれた。

カツオの水揚げが盛んな宮崎県漁業協同組合連合会の丸山英満会長は08年夏、「4、5年前のような思い切った操業ができなくなった」（丸山会長）と、常に漁師がブレーキをかけながら漁に臨まなければならなくなった点を嘆いていた。

丸山会長によると、「漁場が見当たらず、一昼夜かけて別の漁場に行けば獲れると踏めば、潮を見て思い切って狙った漁場へ向かった。しかし、現状ではそれができない。近年は温暖化の影響などでカツオの漁場も変わっており、魚群が探しにくくなっている。もし狙った所に漁場がなければ、という事態が頭をよぎると怖くて行けなくなる」と打ち明けた。

燃料費が高騰した08年夏まで、近海のカツオ・マグロ船は3～4日操業すると、燃油代だけで200～250万円ほどかかっており、総コストに占める燃料費の割合は3割程度に上昇した。他にも餌代や食料費など、多くの負担を強いられながら出漁しなければならない。

省エネ操業の必要性から、「以前は親方（船主）が船の責任者へ『燃油代が高くなったからエンジンの回転を上げるな』と連絡したが、今は現場で『油代も取れないぞ』『働けど赤字になるぞ』といった心配が頭をよぎり、エンジンの回転を落とす判断を現場でするようになった」と自助努力の徹底が当たり前になった点を強調していた。

浜からわきあがる訴え

このような生き残りを懸けた「省エネ操業」を実践しながら、「これまでは操業が終われば、（より新鮮な魚を水揚げしようと）一目散に帰港したが、それもできなくなった」と丸山会長。「自助努力はもう限界だ。思い切った操業がしたい」との思いを募らせていた。

漁業における燃料コストのシェアは、「バスやトラック、タクシー・ハイヤー業界と比べても高く、経営上より大きな打撃を受けている」と全漁連。漁業存続を懸けた一斉休漁で、「厳しい状況を国民に伝え、国に対し直接支援を求めていこうという強い声が、全国の『浜』からわき上がってきた」（全漁連）という。

さらに漁業者が、やり切れない思いでいるのがコスト増を価格に転嫁しにくいこと。08年、原油のほか食料品などが相次いで値上がりしたものの、魚の値段は主に魚市場の評価待ちで値段をコントロールできない。水産物は水揚げ後に産地で取引され、東京・築地市場のような都市部の消費地市場を経て、小売店などへ送られる。

近年はスーパー主導の価格設定が横行し、流通の各段階で価格が抑えられる傾向が強い。消費者のおよそ7割が鮮魚の購入をスーパーなど量販店で済ませるといわれる中で、スーパー側が設定する「特売」などの売価に応じた取引価格に市場側が合わせる形で魚を流通せざるを得なくなっている。

漁業の窮状を訴えるため、全国で20万人を超える漁師が初めて一斉に休漁した08年7月15日朝、各地の漁港では水揚げがぱったりと途切れ、主要漁港は「開店休業」状態となった。

北海道では7月上旬に解禁されたばかりのサンマ漁もいったん休漁。「はしりの時期で稼ぎ時だが、（休漁により）厳しい現状を知ってもらいたい」と北海道の漁業団体。前日約50隻のサンマ漁船が20数トンを水揚げした釧路港は同日朝、4、5隻の漁船が係留され人の姿もほとんどなかった。

カツオやマグロの水揚げが盛んな宮城県の気仙沼港では、早々に漁港取引の休止を決めた。カツオやマグロなど14日には合計100トンを超える水揚げで活気づいた同港だが、当日の早朝は「はえ縄や釣り漁船が漁港に係留され、数人の船員が漁船で休息中」（漁港関係者）だった。このほか、千葉県銚子や鳥取県境港、和歌山県の勝浦港といった主要港も水揚げがなく、漁港は静まり返った。

休漁の影響は軽微─築地市場

全国一斉休漁が明けた08年7月16日の水曜日、東京・築地市場の鮮魚取引は、国産天然魚を中心に品薄を心配する向きもあったが、休漁前の漁獲分や養殖魚などが上場され、影響は最小限にとどまった。「取引量が少ない水曜日」（卸会社）とあって、流通上の混乱は避けることができた。

同市場卸会社によると、15日の一斉休漁が早い段階で周知されていただけに、「仲卸や量販店を含めて鮮魚の保管や養殖魚の確保など、準備ができていた」と話す。魚箱が整然と並べられた卸売場では「前日までに手当てが終わっていたため、訪れる量販店バイヤーが普段より少ない」（卸）といった声もあった。

16日に取引された大衆向け生鮮魚介類は、スルメイカの上場量（概数）が前日に比べ半分近くに減って相場（卸値）は3割ほど値上がり。シーズン入りした「新サンマ」も3割減で2〜3割高となったが、半分以下に落ち込んだカツオのほか、アジ、サバ、ブリ類などに目立った値動きはなかった。

築地市場では、大阪や名古屋などの中央卸売市場と同様に、原則として日曜や祝祭日のほか、月に1、2度水曜日が休市に当たるため取引がない。つまり、平日でも取引がない日があるため、休市前に2日分の手当てを済ませておく仲卸やスーパーバイヤーは珍しくない。

また、休市に関係なく「しけなどで前日の水揚げがほとんどないというケースもある」（築地市場卸）ことから、1日限りの一斉休漁が市場に与える影響は、微々たるものだった。その

キーワード

●休市

築地市場開設者、東京都が市場関係業者と協議の上、毎年秋に翌年の休みを決める。原則として日曜と祝祭日は市場が休みだが、生鮮食料品の安定供給の観点から、ゴールデンウイークの中や、12月最終日曜日などに臨時開場日が設けられている。このほか、4週6休を目安に月に数回、水曜日に休市が設定されており、これを知らずに築地市場を訪れ、がっかりする一般客も少なくない。

ため、市場関係団体などが漁業団体などに一斉休漁の中止などを求める声もほとんど上がらなかった。

築地市場では、水曜日が開市で通常通り取引が行われる場合、「水曜日だから売れ行きが悪いよ」とこぼす卸や仲卸業者が多い。スーパーなどが月末の在庫整理などで新たな仕入れを控えるのと同じように、市場では全般に週半ばの売れ行きが鈍る。そんな日に、魚がどっと市場へ運び込まれても供給過剰感が増し、値崩れに拍車がかかってしまう。

従って漁師が一斉休漁を実施した際、市場関係者の中には「毎月やってくれたらいいのに」と、築地の魚取引にメリハリをつける上で、むしろ休漁がプラスに働くという見方を示す人も少なくなかった。

漁師たちの一斉休漁は、築地市場をはじめ消費地の魚市場、ひいては鮮魚流通に爪あとを残すものではなかったため、市場関係業者も胸をなで下ろしていた。もっともスーパーなどが重視する「4定」条件を満たす輸入を含めた冷凍魚や養殖魚は、安定した取引量がみられ、養殖なら「活魚」で築地市場へ入荷し取引されたわけだから、休漁の影響が軽微だったのもうなずける。

漁師のつらさが伝わった

とはいえ、漁業の窮状を強く訴えた全国漁師の一斉休漁は、これまでのうっぷんを晴らすかのように、全国で統一的な行動として実施され、当日の状況は各メディアから報じられたため、一定の効果はあったようだ。

漁船が係留されたまま静まり返った漁港、燃料費の高騰が重くのしかかり途方に暮れる漁師に加え、「赤字で漁に出られないぞ！」「国は漁業を本気で守れ！」――というシュプレヒコールとともに、東京でデモ行進する漁業関係者の表情なども克明に伝えられた。

各漁業関係団体協力の下、漁業の窮状が流通の実態を含めて取り上げられたことで、「われわれの現状が大きくぶれることなく、消費者に伝えることができた」（漁業団体幹部）と関係者は一様に満足げだった。

第3章　国費1300億円で応急処置、根本治療はこれから

漁師の一斉ストが奏功し、08年7月末には漁業者への燃油費高騰に対する緊急対策で、745億円の予算が確保されたほか、総合経済対策の実施に伴う08年秋の補正予算では、600億円の漁業者向け燃油高騰対策が盛り込まれ、合計1345億円が漁業者支援に充てられた。

漁業に勇気と希望与えた燃油対策

このうち実質的な「直接補てん」といわれる省燃油実証事業には、計630億円が計上された。同事業は、燃料費使用量を従来よりも1割減らす省エネ操業計画を漁業者グループで作成すれば、07年12月を基準として燃料費上昇分を9割が補てんされる制度だった。「野放図なばらまき支出」との批判もあったが、漁業者サイドでは「これまでにない画期的な対策」と評価していた。

全漁連の服部郁弘会長と大水の中須勇雄会長（当時）は、漁業者への燃油高騰対策について「漁に出ることができるという勇気と希望を与えてくれた」というコメントを連名で発表。同時に「一層の省エネや自らの構造改革に懸命に取り組み、漁業を守る」との決意を表明し、漁業に光明が差し込んできたかのようにみえた。

一方、宮崎県漁連の丸山会長は一斉ストに関し、まず「国民におわびしたい。われわれは消費者に鮮度の良い魚を食べてもらうために漁に出る。それが使命だと感じている。ところが一斉休漁によって、わずか1日ではあるが鮮度が良くない魚を供給せざるを得なかったのではないか」と、消費者に対し後悔の念を語っていたことが印象的だった。

さらに丸山会長は、「日本の漁師は本来、安心・安全な水産物を食卓へ届けるために存在している。これを外国船に頼ってはだめ。国内の水産物供給は当然、われわれ漁師がいて、漁に

キーワード

●多面的機能

漁業は消費者へ新鮮な魚介類を供給するという本来機能のほかに、漁師が魚の繁殖を助ける藻場や干潟を守ったり、近年は海の水質を改善するために山に登り、植樹活動を展開したりする環境面での働きが注目されている。このほか、赤潮や大型クラゲの発生など海の異常を発見したり、海難救助や災害時の救援活動にも一役買うなど、多くの役割が評価されている。

出ることから始まる。いくらきれいに漁港を整備しても、漁師がいて漁船がなければそれが達成できない。その意味で（他産業の事情や水産物供給を考えると）心苦しい面はあったが、系統組織が一つになって政治に訴える行動・一斉休漁に入った。これは漁師・漁船を存続させ、水産物供給だけでなく、漁業・漁村の多面機能を守るためにも必要であり、重要な決断だった」と付け加えた。

魚価への燃油代上昇分の転嫁ができず、苦境に立たされる日本漁業。まさに「がけっ縁の局面」で国の漁業者向け対策が示された。丸山会長は「この対策が出なければ（宮崎県だけでなく）、カツオ・マグロ漁業は廃業が続出する危機に直面していた」と話していた。

総額で１３００億円を超える予算は、年間水産関連予算の非公共分（08年度当初予算、９７１億円）を大幅に超える額だ。ただ、これで漁業は本当に救われるのだろうか、という疑問が残った。

漁業再建は「まだ先の話」

両団体トップのコメントとは裏腹に、国の大規模な支援が決まった後も、マグロ漁業団体トップの表情がさえなかったのは印象に残った。

遠洋マグロはえ縄漁業者らで組織する日本かつお・まぐろ漁業協同組合の石川賢広組合長は、「国の支援策は本当にありがたいが、漁業経営の再建へ向けた核心部分にはまだ触れることはできない」と話した。

マグロ漁については近年、燃料費の高騰のほか、マグロ資源の悪化やそれに伴う国際的な規制強化によって生産量が減少。水揚げが稼げない中で、国内市場では外国産マグロとの競合に悩まされ続けている。その上、「マグロの魚価が最近下がっていることや、太平洋のカツオが取れなくなっていることなど、マイナス材料は少なくない」(石川組合長)などと指摘した。

国の燃油高騰に関する漁業者支援は08年度のみの予算であり、漁業が置かれた厳しい状況を打開するには、燃料費の上昇分を補うだけではだめだということを、漁師だけでなく流通も含めた水産関係者は理解していた。「これ以上漁に出られない」「魚を取っても儲けが上がらない」というのは、漁船燃料が高いというだけの問題ではないのだ。

08年10月、都内で行われた漁業に関するシンポジウムで、コーディネーターを務めた梅崎義人氏(水産ジャーナリストの会会長)は、苦境に立たされる漁業者の現状について次のように述べた。

「日本漁業は今、集中治療室に入っている。ただ、08年7月の政府の緊急対策(漁業関連、745億円)のほか、08年度の補正予算で燃油高に苦しむ漁業者への支援策として600億円が盛り込まれたことで、今は酸素吸入を外し点滴に変えることができた」――。

国の漁業向け燃油高騰対策により、日本漁業は瀕死（ひんし）状態から一命を取り留めた状態だという。しかし「今後、大、中、小の手術が必要。続いてリハビリを行った後、果たしてどの程度体力が残っているのか」（梅崎氏）と疑問を投げ掛け、再生には根本的な治療を含め、多くのハードルがあると指摘した。

漁業団体の幹部も、「経営面など将来を見据えた対策を実施するのはまだ数年先になるであろうが、とにかくこれで急場はしのげる」と、国の燃油高騰対策が応急処置の域を出ていないことを示唆していた。

全漁連によると漁船燃料については08年秋以降、世界的な金融危機もあって原油価格が下げに転じたことで、09年3月ごろにはピーク時（1キロリットル当たり12万円）の半分以下に下落した。しかし、同年春から再び上昇を続け、09年12月には7万円ほどに。「一斉休漁の際の異常な高値と比較すれば安く感じるが、03年に4万1000円ほどだったことを考えると、高い水準であることに違いない」（全漁連）として、省エネ操業の必要性を指摘している。

内外の漁業問題に詳しい小松正之・政策研究大学院大学教授（海洋政策論）は、「日本は80年代後半まで世界一の漁獲量を誇る漁業大国だったが、それが凋落（ちょうらく）、慢心の始まり。一番になるとその（漁業管理の）仕組み・体制でこのまま行けると勘違いしてしまう」

と述べ、漁業衰退の最大の要因は漁業管理制度にあるとの見方を示した。

漁業管理問題も浮上

小松教授が最も問題視している現行の漁業管理は、漁獲の総量規制である漁獲可能量（TAC）制度。具体的には、「総枠を（ほとんどの魚種で）決めず、決めても科学水準を大幅に上回る漁獲割り当て量に設定しているため、その魚を乱獲するだけで、その上、他の人に取られる前に自分が取ろうという思いから、市場価値が低い小さな魚まで根こそぎ漁獲してしまい、結果的に乱獲を招いている」（小松教授）と指摘する。

TACとは、「Total Allowable Catch の略で、漁獲の総量に上限を決めるいわば「出口規制」。水産庁によるとTAC制度の対象種は、①漁獲量が多く経済的価値が高い②資源状況が極めて悪く緊急に保存および管理措置が必要③日本周辺水域で外国漁船により漁獲されている――のいずれかに該当し、かつ「TACを設定するに足るだけの科学的データおよび知見の蓄積がある」ことが基準になっている。

97年にスタートしたTAC制度は現在、サンマ、スケトウダラ、マアジ、マイワシ、サバ類、ズワイガニ、スルメイカの7種が指定され、資源調査を基に関係者間で協議した上で、漁獲上限が決められている。

資源に関する科学的データ、つまり魚の資源量については、「毎年、調査船による資源調査を実施し、さらに漁業情報なども分析した上で推定し、その年の漁獲をどのように設定すれば理想的な資源状態に近づくかを検討している」と水産庁。

TAC対象魚種をはじめとした資源調査は、漁獲試験のほか「計量魚群探知機と呼ばれる装置を使い、超音波によって魚の量を計算したり、プランクトンネットという網で稚魚や卵の量を調べたりして、それらを基に全体の資源量を推定している」と、実際に調査を実施する水産総合研究センターは説明する。

その上で、「魚資源の性質やその年の海洋環境などを総合的に分析し、その資源を最適な水準に維持するためには、どれくらいの漁獲水準が望ましいか計算して、生物学的許容漁獲量（ABC）を算定。ABCを基本に関係者間で協議しながらTACを設定している」（水産庁）。

ところが小松教授は、日本周辺で食用として利用される魚は数百種ある中で、TAC対象魚がわずかな種類にとどまっていることや、ABCを大幅に上回るTACが設定されていることに疑問を投げかけている。

また、高知県かつお漁業協同組合の幹部は、現行のTAC制度を「取った者勝ちで燃料を多く使わせるような制度」と批判。「われ先に」とカツオを取り合った結果、「高知県沖にカツオが来遊しなくなった」として、管理手法の見直しが必要と訴えた。

これに対し、アイスランドやニュージーランド、ノルウェーのように、漁船ごとに漁獲枠を配分する制度へ転換すれば、「漁業者はゆっくりと魚を取りに行けるため、市場価値が高く大きくなった魚を優先的に取るようになる」と、小松教授は指摘する。

このほか「近年は漁業者や漁船の数は減っているものの、漁船に搭載する装置の性能が向上し、個別の割り当てによる制限もなく、大型の巻き網漁船の建造を（国が）許可するなど、資源に対し漁獲能力が増大していることも問題」（小松教授）とみる。現状の右肩下がりの漁業生産や、多くの漁業者が赤字経営を余儀なくされている現状を示しながら、「赤字を出したら補助金に頼るというのでは、若者は夢がないと思って漁業に参入してこない」と国の予算措置にも苦言を呈した。その上で、水産予算の半分以上が漁港整備などの公共事業に充てられている点を注視しながら、「不要な漁港整備への過剰投資や燃料費の価格差補てん金よりも、資源水準に見合ったレベルに漁船を減らして漁業者が『名誉ある撤退』を果たせるようにするためなどに予算を使うべき」（同）として、減船補償への重点配分を主張している。

漁業管理の見直しなど漁業再生への構造改革については、地域や漁法ごとにさまざまな意見がある。全国におよそ3000ある漁港で多種類の魚介類が水揚げされ、消費されてきた日本と、北欧漁業との違いもあることから、にわかに新たな制度などを導入し、漁業管理の手法を転換させることがいいかどうかは、意見が分かれるところだ。

全漁連は漁船ごとに漁獲枠を配分する手法について、「1つの漁法で限られた魚種をたくさん漁獲するケース、例えば沖合いで巻き網漁船がサバやイワシなどのいわゆる多獲性魚種を取る場合なら分かるが、沿岸の定置網や底引き網漁業では非常にたくさんの種類の魚を1漁船が取ることから、漁船ごとの漁獲枠を設定するには無理がある」（長屋信博常務）などとして反発。既存のTAC制度について全漁連は、上限設定の基になる生物学的許容漁獲量（ABC）算定の精度向上に加え、漁船の隻数やトン数制限、さらに小型魚を保護するための網の目規制、産卵場など保護区域の設定といった他の管理手法を、TACと組み合わせて行うという弾力的運用を提唱している。

TAC制度の見直し作業は、08年4月から同年12月まで水産庁の有識者懇談会で検討を重ねてきたが、漁船ごとの漁獲枠を配分する手法については、日本では漁船や漁港が多く管理コストが膨大になるといった理由で見送られ、現行制度の変更には至らなかった。

ただ、こうしている間にも窮地に立たされている漁師は、少しずつ姿を消しているという現実も見逃せない。「このままでは計算上、20数年後に漁師はゼロになる」――。こう警告する専門家もいる。

第4章　消えるのはどっち？ 魚か漁師か

農水省が２００９年8月末にまとめた漁業センサスによると、08年11月1日時点の漁業就業者数、つまり漁師の数は22万１８９６人。１９４９年には１００万人を大きく超えていたとされ、その後一貫して減り続けている。

毎年新たに漁師を目指す新規就業者が１０００人前後いるにもかかわらず、その何倍もの漁師がいなくなっているためだ。残された漁師も多くが高齢者。60歳以上の割合は47％とほぼ半数。65歳以上は34％で３分の１。75歳以上も１割を超える。

一方、漁船の隻数は13％減の18万５４６１隻で、こちらも過去最低。漁業経営の厳しさを裏付ける。国内外の漁場で魚資源が減っていれば、リスクを負って新たに漁船を建造しようという気にもならないはずだ。今活躍している漁船も、多くが耐用年数を超えるなど老朽化しているという。

生産量が減って魚価は低迷。その上、コストがかさみ採算性が悪化しているのであれば、漁師が減っていくのもうなずける。もともと「板子一枚下は地獄」といわれる危険を伴う海の仕事だ。それなりの報酬があってこそ成り立つ生業であることはいうまでもない。

結果的にこの50年でみれば、毎年平均1万人ずつ減ってきた漁師。このまま推移すれば、20数年後に漁師はいなくなると単純計算される。実際「漁師ゼロ」の時代がこようとはだれも想像しないであろうが、今後も漁師・漁業を取り巻く環境は一層厳しいものになる恐れがある。

やり方次第で収入増？

高齢化が目立ち減少に歯止めがかからない漁師を増やすことはできるのか？——。農水省が09年7月末にまとめた「漁業の担い手の確保・育成に関する意識・意向調査結果」（漁業者モニター1000人と消費者モニター1500人が対象）で、漁業経営における後継者の有無を聞いたところ（回答者、漁業者756人）、「後継者がいる」といった回答は28・2％だったのに対し、「後継者がいない」は46・3％と半分近くに達した。

また、漁業者と消費者両方に「漁業の担い手が不足している原因」を聞いた設問では、「もうからない、収入が不安定」といった回答が漁業者の90・9％、消費者の81・6％を占めた。このほか、消費者の75・6％が「きつい、危険、汚い」といったいわゆる「3K」を理由に挙げるなど、漁業の現状について不安視する回答が目立った。

それを裏付けるように、「漁業に興味を持ってもらい、担い手を確保・育成するための有効な取り組み」については、「漁業収入や魚価を安定させる取り組み」「資金面での支援（就業時の資金支援、資金融通の円滑化など）」「労働環境（勤務時間、休日、福利厚生など）の改善」といった回答が多く、「割に合わない」と言わざるを得ない条件を打開しなければ、担い手確保が難しいことを示唆している。

そうした中で、「漁業や漁業者に対する魅力ややりがい」に対する設問では、漁業者の56％が「自分の努力（技術）次第で収入を増やせる」と回答。やり方次第で高い収入を得られる可能性も十分にあることもうかがわせた。

現状では、厳しいことばかりが伝えられる漁業。最大の要因は国内外を問わず「魚をたくさん取れない」ことから、生産規模を縮小せざるを得ない状況が続いていることであろう。

世界の魚、8割がピンチ

海外漁場ではマグロに代表されるように資源保護の荒波が押し寄せ、規制は強化されるばかり。日本のトロ需要は依然、世界でも類のないほど旺盛なほか、近年は欧米や中国などでも和食ブームですしの消費が増えているため、マグロの漁獲意欲は高まっている。日本のマグロ漁師たちの取り分は今後も増えそうな気配はない。

日本の遠洋漁業はこうした資源の悪化や、かつて外国200カイリ内で締め出された結果、ピーク時には年間400万トンを超える漁獲を誇っていたものの、今では50万トンくらいに落ち込んでいる。

国連食糧農業機関（FAO）の報告では、世界の有用な海洋資源の利用状況は「満限」が5割程度。「過剰」を合わせると8割近くにも達しており、漁業国同士、慎重な漁獲をこの先も心掛けなければ、魚種によっては「禁漁」という事態を招きかねない。

日本周辺の漁業に目を向けると、沖合漁業はマイワシが700万トン近い漁獲を上げていたことがあったほか、サバなども順調に生産されていたが、海洋環境の変化を主因に大幅な減産を余儀なくされている。

沿岸漁業は、開発に伴い魚の産卵・育成の場となる藻場・干潟が減少したことに加え、「一部の資源で回復を上回る漁獲が行われた」（水産庁）ため、生産量は伸び悩んでいる。沿岸で行われる養殖漁業も、魚価の低迷などから苦境に立たされており、ハマチやタイの養殖業者が廃業するケースが珍しくなくなった。

世界的な魚資源の減少で今、日本の漁師は総じて資源に配慮した耐え忍ぶ漁業操業を強いられている。将来への持続的な魚資源を描き、持続的な漁業の実現が求められるわけだが、そうした中で「実際、魚がいなくなる前に漁業者がいなくなるのではないかという心配もある」と漁業団体の幹部は、冗談交じりで話す。

漁師急募で「リョウシーズ」結成

「漁師になろうよ！」――。減少の一途をたどる漁業者を増やそうと、最近、水産関係団体や水産庁は担い手確保に懸命だ。

大日本水産会が運営する全国漁業就業者確保育成センター（東京）は08年5月、漁業メッセンジャー「ザ・漁師's」（リョウシーズ）を結成させ、東京、名古屋市など大都市を中心に開催している漁業就業支援フェアで、漁業の楽しさを熱く訴えている。

当初、リョウシーズのメンバー4人で、それぞれ会社員などから転職して漁師の道へ。愛知県の三河湾で底引き網漁を行う30歳代後半の壁谷嘉人さんは、広告代理店勤務から転身。エビやカニ類、メヒカリなど多種類の漁獲物を対象に、鮮度管理の徹底など流通改革にも取り組み、「漁業ビジネスには大きな可能性がある」と強調する。

漁業は、水産資源の減少や魚価の低迷で厳しい状況にあるが、「世界的な水産物需要の伸びで、国産魚は評価され魚価は上向き。日本漁業に明るい兆しがみえてきた」と同センターもPRす

漁業の楽しさ、やりがいを伝えようと結成したリョウシーズ

る。

当時の水産庁長官だった山田修路氏（現・農林水産審議官）も、「自然の中で人とのつながりを感じながら働くことができる漁業・漁村には、大きな魅力がある」と、漁師志望者にエールを送りながら、就業希望者と漁協や水産会社とをつなぐリョウシーズ参加のイベントや、漁村での長期研修といった支援策を充実させ、次代を担う多くの「新漁師」誕生に期待を込めた。

さらに09年は「3K」職場というイメージが付きまとう漁業に、新たな価値観を吹き込んでくれるようなメンバーがリョウシーズに加わった。

漁業の楽しさ、やりがいを伝えようと結成したリョウシーズは09年2倍に増員され、異業種から転身した計8人の漁師で活動を展開することになった。

新メンバーで40歳代前半の久米満晴さんは、会社員を経て鹿児島県の種子島で漁師に。早朝、定置網漁に出てアジやサバ、カマスなどさまざまな魚を取る。漁業の収入は十分とはいえないが、「朝9時には漁師の仕事から解放されるため、サーフィンをやったり、波やウミガメなどを撮影するカメラマンとして活動したりしている」と充実した日々を過ごす。

また、30歳代前半で長野県出身の八前隆一さんは、沖縄県の伊江島で素もぐり漁師に。貝などを取る傍ら、仲間の漁師とともにイカのスミや脚を使った特産品を開発。付加価値の向上に取り組んでいるほか、修学旅行生を対象とした体験漁業を実施するなど、多方面で活躍している。

これらリョウシーズのメンバーは、都市部を中心に各地で開催される漁師募集イベントで、参加者に自らの経験を披露。「漁師の仕事は簡単ではないが、海にはいろいろな可能性があるため、自分なりの漁師像を追求する楽しみもある」と強調。漁業研修などを経て、新たに漁師として活躍する人たちが増えているのだという。

高齢化が顕著な漁師は後継者がなく、その代限りで漁業から手を引いてしまうケースが、今後続出すると考えられる。従って、それまで漁師とは縁もゆかりもなかった都市部の人たちが新たに漁師としてデビューし、定着するのは地域にとっても重要な意味を持つ。

漁師は農水省の調査が示すように、「自分の努力（技術）次第で収入を増やせる」という仕事であることは、少なからずいえるであろう。他業種と連携して魚をより鮮度の良い状態で出荷したり、地域の特産物としてブランド化したり、新たな加工品を生みだすなど、付加価値を高めるための努力が、各地で行われるようになってきた。

魚価押し上げる魚食普及の努力を

内外の資源悪化から、漁師たちはしばらく資源状態に配慮した生産を続けなければならない。国際的な漁業規制や国内で敷かれるTAC制度などの枠組みのほか、それぞれ資源を回復させるための自助努力を継続し、漁師自らが生き残りをかけた付加価値向上策に取り組んでいく必要がある。

ただ、流通面ではスーパーなど、小売り段階での低価格販売の横行によって、ごく一部の高級魚介類を除き、東京・築地市場にみられるような「値がでにくい」(市場関係者)といった状況は変わらないという見方が多い。

現状では、多くの漁師が潤うような魚の流通環境ではないことが指摘される。「4定」の条件にかなう魚介類は今でもたくさん輸入され、スーパーなどの店頭に並ぶ。マグロやサケなど、国産魚が輸入魚に市場を奪われるケースも珍しくない。

資源を大事に操業のコストを抑えつつ、取った魚は付加価値を高めるような努力を怠らずに供給しても、現状では流通の壁は避けて通れない。漁師たちがもうかるかどうかは、魚が自分たちの手を離れてからどのような価値基準で流通し、消費されるかといった点に大きく依存するのだ。

この不景気下で、魚取引に携わるもののほとんどがもうからないといわれる時代に、築地市場など魚市場で「もっと魚を高く流通させよ」と主張しても効果はない。魚市場も流通変化に伴い変わらざるを得ないが、漁師の苦労に報いるには、小売りサイドと協調して国産魚が持つ価値をもう一度見直し、消費者にとって魅力ある魚介類供給の中核としての存在感を再び確立すべきであろう。

流通サイドからは、こんな意見もある。築地市場卸の鈴木敬一・築地魚市場社長は、「魚を扱う人が今、どの部門でも儲からないという不幸な事態を招いている最大の要因は、魚を食べなくなっていること。従って今後は、国産魚を中心に健康面や味覚の良さ、さらに種類が豊富で季節ごとにおいしさが違う国産魚の良さを、国民に理解してもらわなければならない。そのためには漁師だけでなく、流通も含め関係組織が一致協力し、テレビなどで有名タレントを起用し、消費（推進への）活動を派手に展開すべきだ」――。

第5章　魚離れは食い止められる＝魚食守って漁師を救え！

漁師から魚市場、さらに小売店まで、魚流通に関わる多くの人たちが潤うようにするためには、魚価を押し上げるのが近道。それには、消費者に魚をもっとたくさん食べてもらう必要がある。

日本人の「魚離れ」は想像以上に深刻化している。厚生労働省の調査によると、国民１人１日当たりの魚介類の摂取量は２００７年が80・２グラムで10年前の97年（98・２グラム）に比べ16％減少。おおむね減少傾向を示している。

一方、肉類は近年、１人１日当たり年間80グラム前後と安定的に推移してきた。97年には80・３グラムと魚介類を大きく下回っていたが、次第に魚介類の摂取量が減ってきたため、06年には肉類の摂取量（80・４グラム）が魚介類（80・２グラム）を上回った。

97〜07年の間の魚介類の摂取量を年代別にみると、すべての年代で減少しており、１〜19歳が２割以上減少。30〜49歳は３割以上も減っており、この先もますます消費が低下する可能性がありそうだ。ちなみにこの間、肉類の摂取量はすべての年代で増加している。

子どもは魚嫌いではなく「小骨が嫌い」

水産庁によると、魚離れの原因については、①子どもが魚を好まない②調理が面倒③肉より割高――などと分析されている。業界団体の調査ではこのうち、子どもの魚嫌いは「骨がある」「食べるのが面倒」「においが嫌い」などといった点が理由に挙げられている。

さらに、子どもが嫌いな魚はサバ、サンマ、アジ、イワシなどで、鮮度落ちが早く小骨が多い魚が挙げられている。これら4魚種で、日本の漁業生産（海面漁業）の3分の1ほどを上げていることを考えると、魚消費が伸びないのもうなずける。

「歳を重ねればこれら『青魚』あるいは『光り物』の魚を食べるようになる」との見方も、すべての年代で摂取量が減っているというデータをみると当てはまらなくなってきたようだ。

ただ、子どもは本当に魚を嫌っているか、というと実はそうでない。大日本水産会によると、全国の小学生218人を対象に行った調査では、魚料理を「好き」と答えたのは45・9％と「嫌い」（10・6％）を大きく上回っている。

この結果は、子どもがアジやサンマの塩焼き、サバのみそ煮といったメニューを頭に浮かべた結果ではなさそうだが、それでも魚料理が「好き」と答えたのは、この先の魚消費の拡大に期待が持てる要素ではある。

子どもに人気が高い魚料理の1つとして、すしが挙げられる。首都圏の回転すしチェーンなどでは、週末どこも大にぎわい。人気店では家族連れが1時間待ちという混雑も珍しくない。マグロやイクラ、サーモン、エビなど、どのネタも低価格で手軽に食べられる。もちろん、子どもも小骨の心配がいらず、親も料理の手間から解放されるため、家族みんながハッピーなひと時だ。

マグロやサーモンの刺し身は食べなれているのだから、多くの子どもが魚自体になじみがないというわけではない。それなら、「今度は焼き魚に挑戦してもらおう！」と最近、業界団体なども、子どもなどを対象とした魚食普及に積極的だ。若年層に「肉だけじゃなく魚も好き」と感じさせる取り組みは、将来への魚食文化の継承という点で大きな意味を持つ。

広がる食育、子どもたちに根気よく

「魚の骨、上手に取って！」――。若年層を中心に進む「魚離れ」を食い止めようと、子どもたちに魚の骨の仕組みや小骨の取り方を教えながら、おいしく食べてもらおうという取り組みが広がっている。水産関係団体などが食育の一環として行っているもので、小学校や幼稚園からも好評だ。

東京・築地市場に事務局を置く水産物市場改善協会は09年6月から、魚離れの要因になっている「魚の骨」をテーマにした食育授業を都内小学校で開始した。魚に詳しい「おさかなマイスター」が絵や模型を使って骨の仕組みを説明。はしの使い方も教えた上で、焼き魚を食べてもらっている。

09年6月下旬に東京都江東区の小学校で行われた授業では、5年生の3クラス全員に旬のアジの塩焼きが配られ、子どもたちははしでていねいに骨を取りながら、身をほおばった。中には「アジを丸ごと1匹1人で食べるのは初めて」といった子どももいたが、お魚マイスターのアドバイスを聞いて、上手にアジをたいらげた。

食育の授業で骨の取り方を教わってアジの塩焼きを食べる小学生（東京・江東区）

一方、魚介類や農産物を使った食品製造などを手掛ける傍ら、ボランティアで子どもたちへの食育活動を行っている大平和奈さんは、都内幼稚園や保育園で昨年から魚の食べ方を教えている。

大平さんはまず、子どもたちにアジやイワシなどの焼き魚を手で食べさせるという。「骨が手に刺さると痛いし、頭の部分は手では身を取りにくいということを実感させた上で、はしを使ってもらう」と大平さん。地元の主婦らの協力も得ながら、魚好きの子どもを増やしているのだとか。

魚は不足しがちなカルシウムに加え、子どもの脳の発育に重要な働きをもたらすといわれるDHA（ドコサヘキサエン酸）も豊富。取りにくい「魚の骨」を克服し、おいしく焼き魚を食べてもらおうと、今後も同協会や大平さんは学校や幼稚園などで出張授業を行っていく予定。

子どものころの食事はその後、大人になってからの食習慣にも大きな影響を与えるといわれるだけに、こうした地道な活動も将来の魚消費にとって重要な意味をもたらす。

子ども向けだけでなく、業界団体は女子大でも魚のプロに協力を求め、食育活動を展開中だ。水産関係組織などでつくる大日本水産会（大水）は、食育事業の一環として年に数回、女子大で魚に関する講義や調理実習を行っている。

09年10月22日午後、東京・文京区の日本女子大学では31人の学生が参加して食育授業が始まった。この日はタイとイサキを題材にし、東京海洋大の遠藤英明准教授が2魚種にまつわるミニレクチャーを実施。さらに街の魚屋さんでつくる東京魚商業協同組合の斉藤光常任理事が、教室でタイとイサキを実際にさばき、刺し身の盛り付け方までのこつなどを紹介した。

この後、学生らはいくつかのグループに分かれ、調理実習室でウロコ取りや3枚下ろしに挑戦。刺し身や焼き魚などを作って試食した。ある学生（4年生）は「タイやイサキを触るのは初めて。怖くてうまくいかなかったけど、今度は魚を1匹丸ごと買ってきて家でさばいてみたい」などと話していた。

このように近年、食育の一環として魚食に対する注目が高まっている。ただ、依然としてスーパーなどの店頭でパック売りされた魚の切り身を買う消費者が多いことから、ちょっとした調理のこつや魚の豆知識などを、魚屋さんから店頭で聞く機会は少ない。

そこで、スーパーはじめ大型鮮魚店に押されて減り続ける「街の魚屋さん」が、再び活気を取り戻そうと、対面販売を生かしたきめ細かなサービスで集客に努めるケースも目立ってきた。

地域色生かし毎月10日は「魚の日」――鮮魚小売商

東京・大田区にある鮮魚店「魚長」は、花見や端午の節句といったイベントごとに用意する刺し身や、手巻きずしなどの盛り合わせが好評。近所にチラシを配布し、訪れた客と魚にまつわる話をしながら販売する。鮮魚以外では、店主の平林久一郎さんが自宅で作るギンダラやサバなどのみそ漬けが、贈答用としても人気があるという。

広島市では、携帯電話のメールを活用する魚屋さんがいる。「なじみ客に、その日お薦めの

毎月10日を「魚の日」として特売などを行う東京都内の鮮魚店

魚を写真入りで知らせるほか、調理法などを伝授している例がある」（広島魚商協同組合）と、来店時以外のサービスも含めて客離れを防いでいる。

山形県米沢市のある鮮魚店経営者は、地元の小学校などで食育活動にも熱心。店では「お客さんとのふれあいを大切にしている」といい、旬の魚の話やさばき方、上手な骨の取り方などを伝え、客から支持を得ているといい、魚食普及への取り組みは少しずつ各地へ広がっている。

小さな魚屋さんらで組織する全国水産物商業協同組合連合会（東京）の村井光治専務は、「スーパーにはない対面・対話販売を武器に、これから巻き返しを図っていきたい」と意気込む。鮮魚専門店の人気をどうにか取り戻そうと、同連合会は09年春、毎月10日を「魚（とと）の日」とすることを決めた。全国共通のポスターを作製して消費者へＰＲしており、地域自慢の旬の魚を安く提供しているという。

スーパーの台頭や後継者不足により、街の魚屋さんの数は30年ほどで3分の1近くまで急減。厳しい経営が続く中、「魚の日を機に専門店の対面販売を生かし、旬やおいしい食べ方を消費者へ伝えていきたい」と全水商連の藤原厚会長は言う。

「魚の日」は、全国の仲卸業者らが06年、魚を意味する幼児言葉「とと」にちなんで10月10日に設定。東京・築地市場（中央区）などで魚食普及のイベントが開催されている。しかし、同連合会では「年1回でなく、もっと頻繁に地域の店ごとに魚をPRしていこう」（全水商連）と毎月のイベントにした。

魚の旬や食習慣が地域によって異なるため、「魚の日」には各店の判断で特売品などを決めてもらっている。ブリやホタルイカなど自慢の魚介類が豊富な富山県では、「ここ数年、魚が取れる時期も少しずつ変わってきているため、事前に特売する魚の種類を決めるのではなく、各店がそのときに安くておいしい魚を消費者へ薦めていければ」（関係団体）と話している。

09年3月から、自主的に10日に特売を行っている東京・練馬区の鮮魚店「魚又」では、「仕入れを行う築地市場にはさまざまな魚が入るが、特売用には人気のマグロやサケが中心」として、今後も売れ筋の魚を通常より安く販売していくという。

すし検定、職人認定で日本の「すし文化」を継承

一方、景気の低迷や回転すしに押され気味の「街のおすし屋さん」も人気回復策に出た。

日本のすし文化を国内外により正しく伝えようと取り組む全すし連の山県正会長

「あなたはすし通？」――。全国すし商生活衛生同業組合連合会（全すし連、山県正会長）は、和食の代表格すしへの正しい理解と一層の普及を目指し、国内外で検定や研修などをスタートさせる。

10年春の開始を目指しているのが、すしに関する基礎知識をクイズにした一般向けの「すし検定」。にぎりをはじめとした江戸前ずしや、押しずしで知られる関西ずしのルーツのほか、すし店で茶を「あがり」、わさび下ろしを「なみだ」と呼ぶ特有の言葉などが出題の対象という。

検定は、同連合会のホームページ（www.sushi-all-japan.or.jp）上で手軽にクイズに挑戦してもらい、一定の基準をクリアした場合に証明証などがプリントできるような仕組みを検討中だ。

一方、海外で増えるすし店の質的な向上を狙いに、外国人を対象とした「すし職人認定制度」も創設する。ヘルシー志向の高まりで、欧米やロシア、中国などですし店が増えており、「中には生魚の扱いを知らない人がすしを握り、食中毒を起こした店もある」と山県会長は言う。

日本の代表的な食文化に対し、マイナスイメージを与えかねないとの懸念から「われわれ日本のすし職人が必要な知識や技術を伝えよう」（山県会長）と制度を立ち上げることにした。

入門編として、同連合会に所属するすし職人数人が外国へ出向き、衛生面などを中心としたすしづくりの基本的な知識を教え「すしアドバイザー」を養成。生魚の扱い方や酢飯の作り方などを伝える考え。

10年秋までに準備を進め、欧州などに関係者を送って講習を行う予定で、参加者には受講証を発給する。アドバイザーを養成する一方、技術面も含めた「すし職人」の認定制度についても具体化していく。山県会長は「認定希望者は東京へ来てもらい、より詳しい知識や技術を習得してもらえるよう、信頼される制度にしていきたい」と話している。

内外のすしファンを着実に増やしながら、伝統ある日本のすし文化をしっかりと後世に伝えていくための取り組みとして注目されている。

「すし」は日本の代表的な魚食文化。築地市場内のすし屋は、外国人のほか日本人の客も増え続けていることから店数も増えたが、どこも大にぎわい。たどり着いてすぐに店内へ入ることはなかなか難しい。

もう1つ外国人にも人気の「天ぷら」だって、エビやアナゴなど、多くの魚介類をネタとし、築地周辺でも「江戸前」などをうたったメニューが、昼夜を問わず、客の胃袋を満たしている。

「松潤」「ヤマピー」起用で魚食普及？

さかのぼれば日本人は縄文時代から、魚介類を食事に取り入れてきた。貴重な動物性タンパクとして利用し、今でも刺し身のほか、煮たり焼いたり蒸したり、あるいは干したりと地域ごとの工夫により豊かな食卓を支えてきた。

それが最近、ちょっぴり「肉より人気が落ちた」だけで、大さわぎすることもないと思う人もいるかもしれないが、これが漁師や水産関係者にとって重大な問題なのだ。築地市場の関係業者も、「魚は種類が豊富で種類ごとに旬があり、同じ魚でも食べ方を工夫すればよりおいしくなる。当然季節感もあって、牛や豚、鳥にはない魅力があるのだか……」と、勢い良くしゃべり始めながら最後にトーンダウンしていく。

築地の競り人もだまらせてしまうのが、「魚はめんどくせー」という魚食の手間。魚のおいしさは消費者も知っている。料理・グルメ番組にしろ、調理本を見ても、おいしい魚の食べ方はある程度分かる。でも、手間がかかるということで実践しないというのが、正直なところであろう。

都市部に限らず共働きの核家族世帯が増え、食事時の準備にかけられる時間も限られている。

その中で、「工夫して魚を食べよう」と言っても少々無理がある。各地で実施される食育活動に期待がかかる一方、築地卸の鈴木敬一・築地魚市場社長が言うように、テレビで大々的な魚消費のＰＲ作戦を展開するのもいいかもしれない。それも若者の心をぐっとつかむような方法で……。

例えば「月９」（月曜夜９時スタート）のような週１回放映される若者に人気の連続ドラマで、魚を調理するシーンをふんだんに使ったラブストーリーを流すのはどうか。ジャニーズ事務所のグループで嵐のメンバー、松潤（松本潤さん）や桜井翔さん、あるいはＮＥＷＳの「ヤマピー」こと山下智久さんなどが演じる「付かず離れず」の恋物語に、サバのみそ煮などの調理シーンなどを細かく紹介。材料を調達する場面も加えたいところだ。

作るのは女性タレントでも男性タレントでもＯＫ。視聴者は感情移入しながらストーリーに入り込み、無意識に料理法をマスターする。友達同士の話題に上ればしめたものだ。小学生からＯＬ、さらに主婦など幅広い層に反響があるのではないか。好きなドラマはリアルタイムで見られない場合、録画して後で見るという人も多いはずだ。

できるだけ旬で人気最高潮の若手タレントがいい。料理専門家などが丁寧に作ったり、有名タレントが単に魚の良さをＰＲしたりするだけでは頼りない。若年層に対し集中的に、しかも即効・継続性が望める作戦となろう。

ダイエットを紹介する番組も反響があるが、「自分に向かない」「効果がない」と分かればそれっきりだ。しかし、ドラマなら話題性だけでなく、番組のシーンを思い出しながら作った魚料理がおいしければ何度も作るはず。魚食が一斉に広がる大きなチャンスになること間違いなし――。

少々冗談めいた勝手な提案だが、これくらいインパクトのある方法でなければ、なかなか多くの魚を調理したり、食べず嫌い派の行動を変えたりすることは難しいのではないか。言い換えれば、無理かもしれないことをやらなきゃならないくらい、魚食の先細りは、漁師あるいは魚流通に携わる者にとって、やっかいで何とかしたい問題なのだ。

国産魚を食べ、漁師消滅を防ごう!

この先、世界の人口は増え続け、2050年までに今よりも20億人ほど多い、90億人に達する見通しだ。穀物をはじめ食糧危機が訪れようとしている中で、島国・日本では米とともに、かつてのように国産、あるいは地元産の魚介類をおいしく食べるよう、心がけなければならない。

日本の食糧自給率は41%(08年、カロリーベース)。米は96%と高いが、食用魚介類は62%。

かつては100％を超え、たくさん輸出にも回していた魚は、これまで述べてきた事情で、今4割弱を輸入に頼っている。

国土のおよそ12倍の世界第6位という広大な排他的経済水域（ＥＥＺ）と、暖流と寒流が交錯した豊かな水産資源を有する日本だからこそできる魚流通。さらに、季節によって変わる旬の魚、それを後世にわたっておいしく食べ続けながら、魚の価値を市場でつけることができれば、自給率は向上し、「漁師消滅」の危機などだれも口にしないだろう。そのために、魚河岸の代名詞「築地市場」の担う役割は大きい。

東京・築地市場から見る魚流通の変化は、日本の食文化のゆがみを如実に映し出している。とにかくわれわれ消費者がやってみなければ始まらない。うまい魚の食べ方を知り、もしくは思い出し、「もっとニッポンの魚を工夫しておいしく食べよう」――。新鮮な国産魚を食べ続け、日本漁業のためにできることは、それぞれの食生活を豊かにすることでもある。

タラソテラピー人気、各地で＝男性の利用増え、地魚も一役

海の資源を活用し、美容や健康に役立てようというタラソテラピー（海洋療法）が各地で人気となっている。癒やしブームや健康意識の高まりで、最近は女性だけでなく男性の利用も増えている。

タラソテラピーとは、ギリシャ語で海を表す「タラサ」と「テラピー」（治療、療法）からなる造語。フランス発祥とされ、17年ほど前に日本に上陸。海水を温めたプールで軽く運動したり、海藻ペーストを体に塗って血行を促進させるなど、海の近くでリラックスしながら、健康につなげられるのが特徴だ。

愛知県蒲郡市の複合型マリンリゾート内にある「テルムマラン・ラグーナ」は、ホテル機能を備えた本格的タラソテラピー施設。多い日には約200人が訪れる。運営主体の蒲郡海洋開発は「開業当初、エステのイメージが強く女性ばかりだったが、最近は健康面への配慮から男性の利用も増えている」と広報担当者。プールの利用では男性が3割近くを占めているという。

青森県五所川原市にある「し〜うらんど海遊館」は「温海水プールは腰や関節の痛

温海水のプールでくつろぐ男性＝愛知県蒲郡市の施設

みなどに効果があり、地域医療費の抑制にも役立っている」（施設関係者）といい、年配者を中心に男性にも人気となっている。

タラソテラピーは「魚介類を食事に取り入れることも一つの方法」と千葉県勝浦市で施設を運営するＴＭＪ（東京）の広報担当者は説明する。

勝浦市の「テルムマラン　パシフィーク」では、南房総の豊かな自然を生かしたサービスと同時に、名産のカツオやキンメダイ、ヒジキ、サザエ料理などが人気。「近くの勝浦漁港や興津漁港などで、漁師さんと直接契約して旬の魚介類を仕入れている」（広報）という。一方、蒲郡市の施設では地元のアサリ、ヒラメなどをレストランでメニュー化。「カロリーを抑えるため、魚を有効に活用している」（料理担当者）と話しており、地魚の提供もタラソテラピー人気に一役買っている。

ケーキ型のすしが登場＝誕生日など記念日用に―福岡県のすし店

誕生日にケーキのようなすしはいかが―。大きく丸い酢飯の上に、ウニやマグロ、サーモン、カニなど10種類以上の魚介類が色鮮やかにちりばめられたすしが人気を呼んでいる。作るのは福岡県志免町ですし店を営む佐々木博一さん（36）。

ケーキをかたどったカラフルなすしは誕生日や記念用に人気

「記念日に甘いデザートではなく、ケーキのようなおすしを囲んで食事を楽しんでもらいたい」と佐々木さん。子どもたちの魚離れが指摘される中、「まず見た目で喜んでもらい、食べて魚好きになってもらえれば」（佐々木さん）と話す。

具材は地元福岡県産の魚介類を中心に、ほとんどが生鮮品。ネット通販で全国的な販売を行っており、2～3日前までに注文すれば希望日に届くという。クール便で配達するため、「冷たくてもおいしく食べられるように六穀米を使っている」

（同）。

「最近は甘いケーキを好まない子どもが多いほか、アルコール類にも合うため大人同士のパーティー用にも注文が増えてきた」（同）とか。上に盛られたすしネタを食べ尽くしても、「酢飯の上にサバを骨ごとすりつぶして甘辛く煮たそぼろなどを敷き詰めているので、十分おいしく食べられる」（同）とＰＲする。

「寿司デコケーキ」とネーミングされたこのすしの値段は、「亀」が４３５０円、「鶴」５９２０円。ともに４～５人分で税込み、送料は別。問い合わせは、０９２（９３５）６６８８。ＨＰのＵＲＬはhttp://www.ssk-jp.com。

漁師と太公望が共存策＝遊漁船など「すみ分け」で人気

人気の海洋レジャー・海釣りで、漁業と競合しない魚種を対象にしたり、漁場トラブルが生じない方法で楽しんだりする例が増えてきた。日本近海の多くの魚資源が少なくなってきただけに、この「すみ分け」が、漁師と太公望の共存策として注目を集めている。

神奈川県では、船宿を経営する遊漁船業者の案内でシイラ釣りが人気を呼んでいる。関東でシイラはあまり食べられず、漁業者が取ることも少ないが「ヒットすると魚が海面を飛び、手応えは十分」と釣り人の評判も上々だ。大分県では、地元でほとんど漁業対象にならないカワハギ釣りが盛んに行われ始めた。「まき餌が必要なく漁場を汚すこともないため、客に勧めたら大人気となった」と同県遊漁船業協同組合。別府湾では06年から、大規模なカワハギ釣り大会が行われ、09年10月に行われた大会では多くの釣り人たちが釣果を競い合った。

一方、北海道では漁業への影響を回避するように、遊漁船による釣りが行われている。全国釣船業協同組合連合会元会長の浅野一郎氏によると、網を使った漁業が禁止されているホタテの増殖漁場周辺で、漁獲が行われない時期に遊漁船が釣り客を案内し、カレイなどを釣ってもらうケースがあるという。

釣りと漁業のトラブルとして、かつて大分県の名産「関サバ・関アジ」の漁場利用をめぐり、釣り人と漁業者が対立した例がある。また、神奈川県では、釣り人によるマダイの釣果が漁業者の漁獲量並みに増え、「資源を維持する上で効果的な対策が必要」（神奈川県栽培漁業協会）と問題視されているが、調整が難しいのが現状だ。

遊漁船でシイラを釣り上げた釣り人
(神奈川県平塚市)

09年春まで水産庁の釣人専門官を務めた城崎和義氏は、「釣りと漁業は今でも各地でトラブルが起きている。このような(すみ分けの)事例がさらに増えてくれれば」と期待している。

おわりに

私が大学を卒業し、時事通信の水産部員として築地市場で取材するようになってからしばらく、プライベートで魚を見るのも食べるのも嫌だった。1年くらいはうんざりといった気持ちでいたような記憶がある。

今の消費傾向と同様に、それまでの私も「魚よりも肉のほうが好き」だったこともあるが、毎日、体調のコントロールもままならない早朝から、磯の香りいっぱいの大小さまざまな魚介類が並ぶ卸売り場で、仕事をしなければならないのだから無理もなかった。

築地では、魚種ごとに産地や入荷、相場などを細かくチェックし、前日との比較を一定のポイントごとに整理して市況などを書く。さらに、当日の産地漁港の水揚げ状況や築地の需給動向などをにらみながら、入荷・市況予想などを規則的に配信した。

お昼までに築地の仕事を終えて、いざ場外へ。とは言っても築地場外市場の取材ではなく、水産庁や漁業関係団体、水産関連企業など。魚資源の問題や関係団体・企業が行う魚食普及事業や、魚の付加価値を高める取り組みなどに目を向ける。

午前と午後、それなりにメリハリをつけながら、魚や漁業を理解していこうと努力した。水産物は種類が多く、産地から小売りまでの流通も複雑であり、関わる人や組織も多岐にわたる。科学的な知見も「海のもの」だけに、不確定要素が多くてはっきりしないことが多い。

少しずつ魚や漁業に関する知識を身につけていったが、魚河岸の日々の取引に漁業に関する知識はあまり役に立たなかった。築地市場では「目の前にある魚、昨日今日の商売がすべて」といった雰囲気。あまり理屈をごちゃごちゃこねていると、「うるせぇーから向こうへ行け」と、どやされてしまうこともあった。

ただ、最近は築地の卸や仲卸も、以前より忙しくなくなったのか、先行きが不安になったせいなのか、魚資源の問題や消費動向、付加価値を高めるためにどうすべきか、といったことを気にかける人が増えた気がする。

目の前の商売だけでなく、先見性を持って魚流通の要である築地で仕事をしようという姿勢で日々の業務に臨む関係業者が目立ってきた。私の水産業に対する理解が深まってきたせいもあるかもしれないが、この不況で厳しい競争にさらされ、築地の卸や仲卸といえども商売上、改革を迫られていることを物語っているようだ。

関係業者が魚の扱い減少や、末端の消費不振で苦境に置かれる中、内外のメディアの築地市場に対する注目度は、このところ年々高まっている。私も含め、何かあると集まってくる報道陣の数は、私が入社し築地入りしたころとは比較にならない。

それだけ、魚河岸・築地の素顔を知りたいという人が多くなっていると実感する。現状では老朽化に加え、狭あいな市場といわれるが、23ヘクタールという面積を有し、4万人以上が日々せわしなく仕事に追われているのだから、市場内で私が知らないことも随分多いだろう。大事なことを書き漏らしているかもしれないが、そこはザックリと私なりに築地市場の変化をまとめさせていただいたつもりである。

極力、平易で簡潔な文章を心がけたが、どんな印象をお持ちだろうか――。多くの人が抱くイメージから外れた築地市場の取引現場にスポットを当てながら、漁師の生活にも大きな影響を与える魚の価値評価の現状を紹介させていただいた。

築地市場は観光客も来るのだから、一般の人にとっては非日常の空間であろう。ところがわれわれ水産部員には仕事場であって生活の場でもある。取引面などの変化には敏感なようだが、通常の取材の範囲を超えた少々の変化には気づかず、記憶にとどまらないことも多い。

その意味で今回、本をまとめる機会を得たことで発見が多かった。普段はあまり話をしない市場関係者とも接するケースが増えたため、今後の取材にも広がりがでそうだ。貴重な経験と受け止めている。

本書を書くに当たって、これまで築地市場で取材させていただいた卸や仲卸、東京都の担当者の方々には、大変お世話になった。朝早く、忙しい時間帯にもかかわらず、私の魚に関するささいな疑問に対し、多くの方に解説いただいたことで、まとめることができた。

また、漁業団体や地方の水産関係者の方にも感謝したい。私自身この本を書きながら、魚が好きになっていることに気がついた。ランチに「サバのみそ煮が食べたい」と築地周辺の店に足を運ぶことも増えた。昼が煮付けなら、夜は刺し身が食べたくなることも。「昼・夜＝魚・魚」でもOKだ。歳のせいもあるだろうが、これからもずっと魚好きでいるだろう。

願わくは19年築地にいて、習得できないでいる魚の「3枚下ろし」をやってのけたい。これからも築地の関係業者をはじめ、弊社水産部員の器用な方々にお世話になりつつ、築地や魚に、一層詳しくなっていけたらと思う。

２０１０年１月

川本大吾

《参考文献》

東京都中央卸売年報・水産物編（東京都中央卸売市場）

漁業・養殖業生産量、卸売市場データ集、食品流通段階別価格形成追跡調査、漁業の担い手の確保・育成に関する意識・意向調査、平成21年度・水産白書（以上、農水省）、国民栄養調査（厚生労働省）。

『漁協（くみあい）』～2008年秋、№128号（全国漁業協同組合連合会発行）を一部修正・加筆して引用。水産週報（水産社発行）への掲載分を一部修正・加筆して引用。さらに「番外編」では、契約新聞社などに向けて配信した記事を使用。

【著者紹介】

川本大吾（かわもと・だいご）

時事通信社水産部次長・デスク・取材記者。

1967年東京生まれ。都立高島高校、専修大学を卒業後、91年時事通信社に入社。水産部に配属後、市場取引を取材。入荷・相場情報、市況などをインターネット情報、「時事水産情報」で配信。一方、農水省（水産庁）、東京都（市場当局）、水産関連団体などを担当し、水産関連ニュースを取材・配信。2006年には『水産週報』（現・水産社発行）の編集長に。著書（共著）に『にっぽん魚事情』（98年、時事通信社）。

ルポ　ザ・築地《つきじ》

——魚食文化《ぎょしょくぶんか》の大《だい》ピンチを救《すく》え！——

2010年 3月10日　初版発行

著　者　川本大吾

発行者　長　茂

発行所　株式会社　時事通信出版局

発　売　株式会社　時事通信社

〒104-8178　東京都中央区銀座5-15-8

電話03（3501）9855　http://book.jiji.com

印刷所　株式会社　太平印刷社

　ISBN978-4-7887-1053-5　C0062